Le Livre des merveilles

MARCO POLO

Édition présentée par
Joëlle Ducos
*Professeur à l'université
Michel de Montaigne-Bordeaux 3*
Traduction et adaptation de
Joëlle Ducos

www.universdeslettres.fr

Voir « LE TEXTE ET SES IMAGES », p. 166.

DE VENISE AU GRAND KHAN

1. Maître de Boucicaut, *Départ des frères Polo de Venise, en compagnie de Marco, fils de Niccolo, pour leur second voyage auprès du Grand Khan*, XVe siècle, miniature extraite d'un manuscrit du *Livre des merveilles* ayant appartenu à Jean de Berry. Paris, Bibliothèque nationale de France.

2. Maître de Boucicaut, *Le Grand Khan remet à ses messagers la tablette d'or qui doit leur servir de laissez-passer*, XVᵉ siècle, miniature extraite d'un manuscrit du *Livre des merveilles* ayant appartenu à Jean de Berry. Paris, Bibliothèque nationale de France.

3. Maître de Boucicaut, *Remise du message du pape à Khoubilaï*, XVᵉ siècle, miniature extraite d'un manuscrit du *Livre des merveilles* ayant appartenu à Jean de Berry. Paris, Bibliothèque nationale de France.

VILLE ET CAMPAGNE

4. Maître de Boucicaut, *Les Frères Polo à Pékin*, XVe siècle, miniature extraite d'un manuscrit du *Livre des merveilles* ayant appartenu à Jean de Berry. Paris, Bibliothèque nationale de France.

ITINÉRAIRES ET MERVEILLES DE L'ORIENT

6. *La Caravane des voyageurs*, 1375, carte enluminée tirée de *L'Atlas catalan* attribué à Abraham Cresques (détail). Paris, Bibliothèque nationale de France.

◀ **5.** Maître de Boucicaut, *Campement des habitants de Kharashar et de leurs troupeaux (chameaux, vaches et moutons)*, XVe siècle, miniature extraite d'un manuscrit du *Livre des merveilles* ayant appartenu à Jean de Berry. Paris, Bibliothèque nationale de France.

7. Maître de Boucicaut, *Pêche des perles et extraction des turquoises dont le Grand Khan a le monopole dans la province de Gaindu*, XVe siècle, miniature extraite d'un manuscrit du *Livre des merveilles* ayant appartenu à Jean de Berry. Paris, Bibliothèque nationale de France.

8. Maître de Boucicaut, *Hommes à tête de chien de l'île d'Agaman*, XVe siècle, miniature extraite d'un manuscrit du *Livre des merveilles* ayant appartenu à Jean de Berry. Paris, Bibliothèque nationale de France.

9. Maître de Boucicaut, *Les Troupes du Grand Khan rattrapant les éléphants du roi de Birmanie*, XVe siècle, page enluminée extraite d'un manuscrit du *Livre des merveilles* ayant appartenu à Jean de Berry. Paris, Bibliothèque nationale de France.

> **LECTURE DE L'IMAGE**, p. 169-170.

HÉROS ET HÉROÏNES

10. Gary Cooper (MARCO POLO) et Sigrid Gurie (LA PRINCESSE COCACIN) dans *Les Aventures de Marco Polo* d'Archie Mayo, 1938.

11. Massimo Girotti (NICCOLO POLO) et Mica Orlovic (MAFFEO POLO) dans *La Fabuleuse Aventure de Marco Polo* de Denys de la Patellière et Noel Howard, 1965.

REGARDS
SUR L'ŒUVRE

Saint Louis (Louis IX)	Philippe III le Hardi	Philippe le Bel	Louis X le Hutin
1226	1270	1285	1314 1316

Mongka Khan	Khoubilaï Khan	
	1260	1294

REPÈRES HISTORIQUES

1270	Huitième croisade et mort de Saint Louis Bataille entre Gênes et Venise	1287	Ambassade mongole en Occident Raid mongol en Pologne Expédition des Mongols vers les îles de l'Insulinde
1274	Première expédition mongole contre le Japon		
1280	Arrivée à Rome d'une ambassade du Khan mongol	1291	Expulsion des chrétiens de la Syrie
1281	Seconde attaque contre le Japon	1294	Mort de Khoubilaï
1284	Victoire de Gênes sur Venise	1298	Défaite de Venise face à Gênes

REPÈRES LITTÉRAIRES

1088	*La Chanson de Roland*	1255	Guillaume de Rubrouck, *Voyage dans l'Empire mongol*
1165	*Lettre du Prêtre Jean*		
1174	*Le Roman de Renart*		
1179	Chrétien de Troyes, *Lancelot ou le Chevalier à la charrette*	1260 -1270	Rutebeuf, *Renart le Bestourné*
1180	*Le Roman d'Alexandre* ; Chrétien de Troyes, *Yvain ou le Chevalier au lion* ; Béroul, *Tristan et Iseut*	1272 -1298	Rusticien de Pise, *Giron le Courtois* ; *Meliadus de Leonnois*
		1298	**Rédaction par Rusticien de Pise du *Livre des merveilles* d'après un récit oral de Marco Polo**
1181	Chrétien de Troyes, *Perceval ou le Conte du Graal*		
1230	Guillaume de Lorris, *Le Roman de la Rose*	1460	*La Farce de Maître Pathelin*
1247	Jean du Plan Carpin, *Histoire des Mongols*	1461	François Villon, *Le Testament*

LIRE AUJOURD'HUI
LE LIVRE DES MERVEILLES

Qui n'a pas rêvé de l'aventure de Marco Polo découvrant les beautés de l'Orient, les splendeurs de ses villes, les épices et les pierres précieuses, et devenant l'homme de confiance du grand seigneur mongol, descendant de Gengis Khan ? Ce récit de voyage a deux titres : le premier, *Le Devisement du monde*, signifie qu'il décrit le monde, mais c'est le second, *Le Livre des merveilles*, qui lui vaut sa renommée, car il est perçu encore aujourd'hui comme une invitation au fabuleux et à l'extraordinaire.

Livre hors du commun assurément : même sa rédaction relève de la légende. Il aurait été écrit en prison à Gênes par un romancier, Rusticien de Pise, connu pour ses romans sur la cour du roi Arthur. Il en aurait reçu le récit de la bouche même de Marco Polo, emprisonné avec lui. Écrit en français, en italien, traduit en latin, *Le Livre des merveilles* est ensuite réécrit au XVIe siècle par un Vénitien qui en fait un ouvrage fabuleux et contribue à la légende de son héros, fils de marchand devenu ambassadeur et missionnaire auprès du Grand Khan.

L'itinéraire de Marco Polo, où se mêlent légendes, contes et témoignages à la limite du réel et de l'imaginaire, est un appel à la découverte et à l'exploration. N'est-ce pas ce livre qui est annoté par Christophe Colomb ? Mais surtout il incite à la continuation du récit : que ce soit à travers des films ou des romans, l'Orient évoqué par Marco Polo suscite la fiction. C'est la réussite légendaire d'une expédition vers les confins du monde.

Marco Polo est le modèle des explorateurs, voyageant et surtout cherchant à comprendre l'autre. Homme de son temps, avec ses certitudes, il manifeste une curiosité inlassable, enquêtant, visitant, interrogeant. C'est un voyage vers les terres lointaines de la Mongolie et de la Chine, en un temps où les Tartares dominaient l'Orient, auquel *Le Livre des merveilles* invite le lecteur d'aujourd'hui.

Carte des voyages des Polo dans l'Asie du XIIIe siècle

— Premier voyage (Niccolo et Maffeo Polo)
— Second voyage (Niccolo, Maffeo et Marco Polo)

REPÈRES

AUTEURS : Marco Polo et Rusticien de Pise.

RÉDACTION : 1298.

LE GENRE : récit de voyage* et description géographique.

L'ŒUVRE

• **Forme et structure** : 202 chapitres de longueur variable. Les 19 premiers chapitres présentent les voyages de Marco Polo, son père et son oncle, les autres décrivent les pays traversés en insérant des anecdotes, des légendes, des récits de bataille et font un tableau de la cour mongole. Le texte présenté ici a été découpé en six parties : **I.** Les Deux Voyages (chap. 1 à 18) ; **II.** Vers le pays des Tartares (chap. 22 à 42) ; **III.** L'Entrée dans la Mongolie (chap. 46 à 69) ; **IV.** Le Livre du Grand Khan (chap. 74 à 98) ; **V.** L'Empire du Grand Khan (chap. 115 à 156) ; **VI.** Le Livre de l'Inde – Retour vers le Nord (chap. 157 à 194).

• **Lieu et temps** : tous les pays qui dépendent du pouvoir du Grand Khan jusqu'au Japon ; des pays imaginaires et quelques lieux d'Afrique jusqu'à Madagascar et Zanzibar.

• **Personnages** : les narrateurs* (Rusticien de Pise et Marco Polo) ; Marco Polo, fils de Niccolo Polo et neveu de Maffeo Polo ; Khoubilaï Khan (que l'on peut aussi écrire Kubilay Khan), Grand Khan des Tartares (appelés aussi Mongols) ; les Tartares.

• **Intrigue** : découverte des pays d'Orient par l'intermédiaire de voyageurs marchands qui sont restés vingt-six ans auprès du Grand Khan.

• **Enjeux** : récit de voyage didactique qui donne des informations présentées comme vraies sur les pays, la faune, la flore, les richesses des contrées d'Orient et sur les mœurs de ses habitants ; histoire du peuple mongol, de ses seigneurs et de leurs conquêtes ; légendes merveilleuses d'un pays où l'imaginaire côtoie le réel.

---

* Les astérisques renvoient aux « Termes de critique », p. 224-225.

MARCO POLO
ET *LE LIVRE DES MERVEILLES*

LE RÉCIT DE VOYAGE AU MOYEN ÂGE

Des guides de voyage ?

Pèlerinages, croisades, missions, ambassades, commerce, études : les raisons de voyager ne manquent pas au Moyen Âge, et il n'est donc pas étonnant qu'une littérature de voyage existe et se multiplie durant cette période. Écrits en latin, mais aussi en français, ces récits* donnent des informations sur les itinéraires et les lieux traversés sous des formes variées, de la simple description à l'analyse de mœurs en passant par les conseils pratiques. Dans cet ensemble, les récits de voyage vers l'Orient sont d'abord constitués par les relations de pèlerinages vers la Terre sainte et Jérusalem, qui à la fois racontent un itinéraire spirituel, donnent des conseils pratiques et sont une invitation au voyage vers un Orient où miracles et merveilles se multiplient.

Mais d'autres destinations donnent naissance à des écrits latins sur des lieux jusqu'ici mythiques et légendaires : la Mongolie, la Chine et l'Inde s'ouvrent au monde occidental pour des échanges commerciaux – avec la route de la soie – mais aussi pour des missions religieuses qui ont pour but d'évangéliser les Mongols. Jean du Plan Carpin, envoyé par le pape, part à Karakorum (voir la « Carte des voyages des Polo », p. 12) en 1245 et rencontre le Grand Khan. Il rédige à son retour une *Histoire des Mongols* qui est à la fois un récit de voyage et une description géographique. Quelques années plus tard, Guillaume de Rubrouck, chargé d'une mission par Saint Louis, part lui aussi à Karakorum, en passant par la Crimée. En 1255, il rédige *Voyage dans l'Empire mongol*, qui livre quantité d'informations précises sur le mode de vie et les religions de ce peuple. Si ces livres sont écrits par des religieux, ils ne sont pourtant pas édifiants. Ils dressent avant tout un tableau du mode de vie des

Mongols et constituent une mine de renseignements pour les voyageurs, aussi bien pour le commerce que pour les missions religieuses qui se multiplient ensuite de la fin du XIIIe siècle au milieu du XIVe siècle. Ces récits inaugurent ainsi un nouveau genre, le récit géographique, où l'itinéraire et la vie des habitants sont décrits, et où l'Orient devient objet de savoir.

Un Orient de fiction

Mais il existe aussi une autre tradition livresque autour de l'Inde et de ses merveilles*. Elle est du domaine de la fiction et laisse une large part à l'imaginaire avec l'évocation de peuples sauvages, étranges, parfois mi-hommes, mi-animaux. Elle s'est développée d'abord dans les cosmologies, mais aussi dans deux lettres. L'une, attribuée à Alexandre le Grand (IVe siècle av. J.-C.) et adressée au philosophe Aristote, se présente comme une description des merveilles de l'Inde. L'autre, appelée *Lettre du Prêtre Jean*, date du XIIe siècle. C'est un texte en latin, censé avoir été écrit par un roi d'Orient chrétien aux Occidentaux (on retrouve d'ailleurs ce personnage dans *Le Livre des merveilles*), qui décrit un royaume oriental fantastique peuplé de monstres, rempli de richesses fastueuses et situé entre le paradis terrestre et la Terre sainte. Mais l'Inde est aussi un lieu romanesque qui apparaît dans les différentes versions du *Roman d'Alexandre* (1180) [voir « D'autres textes », p. 210-211]. Cette œuvre présente l'histoire fabuleuse d'Alexandre le Grand et, surtout, s'attarde sur sa conquête de l'Orient où il découvre des lieux enchantés, des palais remplis de soie, d'ivoire et de pierres précieuses, des animaux étranges et des êtres extraordinaires comme les sirènes, les Amazones et les filles-fleurs. Les terres orientales sont ainsi des lieux de merveilles* et invitent à la légende, au mythe et à la création fabuleuse.

C'est entre ces deux traditions que se situe *Le Livre des merveilles*, comme le souligne la présence de deux titres dans les manuscrits médiévaux : « *Devisement du monde* », il décrit, informe et se présente comme une géographie des pays orientaux ; mais il est aussi récit de *merveilles*, en particulier pour l'Inde, et, à ce titre, s'échappe vers l'évocation de peuples étranges ou énumère

le luxe fastueux des palais du Grand Khan. Aussi le narrateur*
insiste-t-il sur ce double objectif : dire le vrai sur les pays mongols
dans un récit didactique et conter les merveilles orientales en
s'échappant vers l'imaginaire et le mythe.

QUI EST MARCO POLO ?

Vénitien d'origine, Marco Polo naît en 1254. Son père et son oncle, partis pour un premier voyage vers Constantinople et la mer Noire en 1250, se sont aventurés en Asie pour rencontrer le Grand Khan Khoubilaï. Chargés d'une lettre pour le pape de sa part, ils reviennent en 1269 à Venise. Deux ans plus tard, ils partent en Chine en emmenant Marco Polo, qui n'a que dix-sept ans. Tous les trois ne reviennent à Venise qu'en 1295, après être restés une vingtaine d'années auprès du Grand Khan. C'est trois ans plus tard que Marco Polo, alors commandant d'une galère, aurait été fait prisonnier par les Génois et aurait rencontré Rusticien de Pise en prison. Libéré en août 1299, il revient à Venise, se marie et a trois filles. Il se consacre alors à ses activités de marchand et occupe une place sans doute honorable, mais sans éclat particulier, à Venise. En 1307, il donne un exemplaire du *Livre des merveilles* en français à Thibaut de Cepoy, envoyé par Charles de Valois à la conquête du royaume de Constantinople. Il meurt en 1324 en laissant un testament par lequel il affranchit son esclave tartare.

Ces quelques indications sur la vie de Marco Polo ne répondent pas aux nombreuses questions qu'elles soulèvent. Quel était son rôle exact auprès du Grand Khan ? Pourquoi des missions de confiance étaient-elles données à un Occidental ? Pourquoi tant de silence sur sa vie après un retour qui semble tomber dans la banalité ? Ainsi, il n'est pas étonnant que la légende ait comblé ces lacunes et embelli une vie dont on sait peu de choses. Dès le XIVe siècle, Marco Polo est surnommé *Millionus*, « le Million ». Ce surnom, qui vient sans doute de la maison qu'il occupe, a été attribué aux richesses fastueuses qu'il aurait vues et rapportées.

Le rôle du vénitien Ramusio (1485-1557) est déterminant dans la notoriété de Marco Polo puisque c'est lui qui transforme une biographie évasive en une vie légendaire d'aventurier. Ainsi le retour de Marco Polo prend une couleur de conte* merveilleux : personne ne veut reconnaître les Polo à leur retour à Venise, d'autant que Marco a oublié sa langue maternelle. Aussi offrent-ils un banquet à tous leurs parents et amis. Ils les reçoivent vêtus de riches vêtements de soie, puis ils apportent leurs haillons de voyage, dont ils décousent les ourlets, et en retirent des bijoux et des pierres précieuses en quantité. Tous les invités les reconnaissent alors. Cette histoire fabuleuse a largement contribué à la transformation de Marco Polo en personnage de fiction, mélange d'aventurier, d'explorateur et de héros de conte.

MARCO POLO AUTEUR DU *LIVRE DES MERVEILLES* ?

Ce mélange entre fiction et réalité qui caractérise la vie de Marco Polo se retrouve dans l'écriture même du *Livre des merveilles*. D'après le préambule, Marco Polo aurait raconté sa vie à Rusticien de Pise qui l'aurait mise par écrit (voir p. 24, l. 23). *Le Livre des merveilles* évoque d'ailleurs Marco Polo à la troisième personne, ce qui semble en faire le héros* du voyage et non le narrateur*. Mais, à plusieurs reprises, il est rappelé que son récit est la source du *Livre des merveilles*, écrit à partir d'un témoignage vrai, direct ou indirect. Rusticien de Pise, quant à lui, est un romancier qui a écrit une compilation d'aventures arthuriennes : son univers est donc le monde fictif de la Table ronde, qui est bien loin du monde oriental.

La présence de deux narrateurs rend le livre complexe à cause de ces deux voix qui se croisent, se fondent ou se distinguent. Ainsi, les passages à la première personne insistant sur la vérité du récit, les adresses au lecteur qui en soulignent l'oralité laissent penser à une source orale et à une sorte de spontanéité de l'écriture. De même, l'importance des chiffres, les remarques économiques sur les types de monnaies, le commerce, la nature des marchandises, les moyens de transport et les facilités des déplacements portent la marque d'un narrateur-marchand dont le regard est révélateur des centres d'intérêt. En revanche, il est également frappant de constater à quel point Marco Polo est peu présent dans le livre : il n'intervient que dans quelques épisodes, sa principale fonction étant de voir et de raconter, ce qui est d'ailleurs la nature de la mission que lui confie Khoubilaï (chap. 15-16). Il semble aussi que l'emploi de la première personne renvoie à un narrateur différent de Marco Polo, et les récits extraor-dinaires présents en particulier à la fin du texte (chap. 168, 171 ou 183) ne semblent guère compatibles avec un témoignage vrai, tel que le répète le texte.

Cette ambiguïté est encore renforcée par les nombreux passages où le narrateur utilise le pronom « nous » : on ne sait plus s'il s'agit de Marco Polo, de l'ensemble des Polo, de Rusticien ou du narrateur. Il est sans doute vain de chercher la part exacte des uns et des autres : l'intérêt du texte, son caractère vivant, viennent justement de ses oscillations qui lui permettent de quitter l'objectivité froide d'une description géographique pour donner l'apparence d'une narration* en train de se faire, dans un dialogue entre les narrateurs et le lecteur. La personne de Marco Polo sert à la fois de fil conducteur du voyage et de garant de la véracité du témoignage.

MARCO POLO, TÉMOIN FIABLE ?

Le Livre des merveilles apparaît comme un ensemble foisonnant où descriptions et récits s'enchaînent pour plonger le lecteur dans le monde fascinant des Mongols (les Tartares). Pourtant, de nombreuses lacunes y ont été relevées et laissent planer un doute sur la véracité du récit : rien n'est indiqué sur la Grande Muraille de Chine, sur le thé, sur l'écriture et les livres imprimés, ou sur les pieds bandés des femmes. Par ailleurs, il n'existe aucune trace officielle du séjour des Polo en Chine. En outre, de nombreux épisodes du récit, à la frontière du réel et de l'imaginaire, contribuent à rendre le témoignage suspect, malgré les nombreuses affirmations de la vérité du récit répétées par le narrateur. Enfin, si le texte, semble-t-il, a été à l'origine écrit en français, langue littéraire et de cour à la fin du XIIIe siècle, de nombreuses versions italiennes et certaines versions françaises présentent des divergences, des additions et des omissions, ce qui le rend plus incertain encore. La complexité de l'écriture, où se mêlent à l'évidence des voix différentes, contribue encore à l'interrogation sur la fiabilité des descriptions du *Livre des merveilles*.

De fait, le caractère composite du livre explique cette incertitude. Il est clair qu'il est le résultat d'une combinaison d'informations diverses : outre un récit original, écrit ou oral, il est mis par écrit par un écrivain romancier qui développe par conséquent tout ce qui peut plaire, amuser et intéresser un public de gens de cour. Il insère également des développements traditionnels issus de la littérature sur l'Orient, qu'elle soit didactique ou fictive. C'est ainsi que des peuples et des récits fabuleux y sont intégrés. Mais on trouve aussi des descriptions remarquables par leur précision, des explications rationnelles de certaines croyances occidentales comme la salamandre (chap. 59), ou des récits de source orientale comme l'histoire des Rois mages (chap. 30). Son attrait vient d'un ensemble où l'on passe de la description de l'habitat mongol à l'évocation d'un miracle à Bagdad ou de la quête des diamants. S'il y a témoignage, le livre se lit d'abord par ce charme qui naît du conte, où le nombre lui-même perd son caractère objectif pour inciter au rêve, et où la frontière entre le réel et le fictif disparaît.

Gary Cooper (MARCO POLO) et Binnie Barnes
dans *Les Aventures de Marco Polo* d'Archie Mayo, 1938.

Le Livre des merveilles

MARCO POLO

Récit de voyage

Maître de Boucicaut, *Scène de commerce*, XVᵉ siècle,
miniature extraite d'un manuscrit ayant appartenu à Jean de Berry.
Paris, Bibliothèque nationale de France.

Prologue

Voici le livre dont monseigneur Thibaut, chevalier, seigneur de Cepoy – que Dieu lui pardonne –, demanda la copie à messire Marco Polo, bourgeois et habitant de la cité de Venise. Ce messire Marco Polo, homme très estimable et aux bonnes mœurs, qui connaissait bien plusieurs contrées et désirait faire connaître ce qu'il avait vu de l'univers entier pour honorer et respecter le très excellent et puissant prince, monseigneur Charles, fils du roi de France et comte de Valois, remit et donna au seigneur de Cepoy la première copie de son livre[1] faite depuis sa rédaction. Il fut très heureux de la voir présentée et promue par un tel gentilhomme dans les nobles endroits de France. Monseigneur Thibaut, seigneur de Cepoy, nommé plus haut, apporta cette copie en France, et monseigneur Jean, son fils aîné, seigneur de Cepoy après son décès, en donna une autre, la première faite depuis son arrivée en France, à son très cher et redouté seigneur, monseigneur de Valois. Il en a, depuis, distribué des copies à ses amis qui le lui ont demandé. Le tout premier exemplaire a été remis par messire Marco Polo au seigneur de Cepoy lorsque ce dernier s'est rendu à Venise, au nom de monseigneur de Valois et pour madame l'impératrice sa femme, afin de les représenter tous deux sur tout le territoire de l'empire de Constantinople[2]. C'était en l'an de grâce 1307, au mois d'août.

---

1. Le livre est un manuscrit qui, pour être diffusé, doit être copié.
2. **Constantinople :** aujourd'hui Istanbul.

DESCRIPTION DES MERVEILLES DE L'INDE

INTRODUCTION

Ici commence le Livre du Grand Khan de Chine, qui décrit les grandes merveilles de l'Inde.

Pour connaître l'entière vérité sur les différentes régions du monde, prenez ce livre et lisez-le : vous y trouverez les grandes merveilles de la Grande Arménie, de la Perse, des Tartares et de l'Inde, et de beaucoup
5 d'autres provinces que notre livre vous exposera entièrement et avec ordre. Messire Marco Polo, savant et illustre citoyen de Venise, les raconte parce qu'il les a vues. Pour celles qu'il n'a pas vues, il en a entendu parler par des personnes absolument sûres. C'est pourquoi nous
10 distinguerons ce qui a été vu de ce qui a été entendu afin que notre livre soit absolument vrai, sans aucun mensonge. Et quiconque entendra ou lira ce livre devra le croire parce que tout y est véritable. Sachez en effet, je vous l'assure, que, depuis que Notre Seigneur Dieu a
15 créé Adam, le premier père, jamais personne d'aucune race humaine n'a autant parcouru les différentes régions du monde que Marco Polo. C'est pourquoi il pensa que ce serait un grand mal de ne pas faire mettre par écrit ce qu'il avait vu et entendu de véritable, afin de le faire
20 connaître par ce livre à ceux qui ne l'avaient ni vu ni entendu – et je vous dis qu'il resta bien vingt-six ans dans ces différents pays pour s'informer. Ensuite, emprisonné à Gênes, il fit écrire ce livre par messire Rusticien, Pisan, qui était dans cette même prison en l'année de
25 l'incarnation du Christ 1298.

PROLOGUE ET INTRODUCTION

SITUER

Au Moyen Âge, le prologue* est l'équivalent de la couverture d'un livre actuel : il présente son auteur* et son destinataire, ainsi que les intermédiaires que sont les copistes des manuscrits.

RÉFLÉCHIR

QUI PARLE ? QUI VOIT ?
L'écrivain et le narrateur* au Moyen Âge

1. Qui représente le pronom « nous » dans le texte ?
2. Quels sont les rôles respectifs de Rusticien de Pise et de Marco Polo dans l'écriture du *Livre des merveilles* ?

GENRES : témoigner

3. Relevez six expressions du champ lexical* de la vérité dans l'introduction. Pourquoi ce champ lexical est-il si fréquent ?
4. Quelle différence faut-il faire entre « ce qui a été vu » et « ce qui a été entendu » ?
5. Quel est le type de narration* du *Livre des merveilles* : autobiographie*, roman* d'aventures, récit de voyage* ou conte* ? Justifiez votre réponse.

ESPACE ET TEMPS : Occident et Orient

6. Quels lieux sont nommés dans ces deux passages ? Situez-les sur une carte. Quelle partie du monde est privilégiée par le narrateur* ?
7. Quelles sont les informations temporelles données par ces textes ? Sont-elles de même nature ?

ÉCRIRE

8. Imaginez sous forme de dialogue la scène où Rusticien de Pise et Marco Polo décident d'écrire *Le Livre des merveilles* et se mettent d'accord sur la manière dont ils vont procéder.

LES DEUX VOYAGES

CHAPITRE 1
Comment les deux frères partirent de Constantinople pour parcourir le monde.

En vérité, au temps où un dénommé Baudouin était empereur de Constantinople, en 1250, deux frères, messire Niccolo Polo, père de Marco, et messire Maffeo, frère de Niccolo, allèrent de Venise à la cité de Constantinople avec leurs marchandises. Ils étaient assurément nobles, sages et prudents. Ils discutèrent entre eux et décidèrent de partir pour la mer Noire pour y faire des affaires. Ils achetèrent beaucoup de joyaux, quittèrent Constantinople et se rendirent par mer à Soudak.

CHAPITRE 2
Comment les deux frères partirent de Soudak.

Quand ils arrivèrent à Soudak, ils réfléchirent et décidèrent d'aller plus loin. Ils se mirent en route et chevauchèrent jusqu'à ce qu'ils arrivèrent chez un seigneur tartare qui s'appelait Berké Khan, qui se trouvait à Saray et à Bolghar. Ce Berké les accueillit avec tous les honneurs et se montra très heureux de leur arrivée. Ils lui donnèrent tous les joyaux qu'ils avaient apportés. Il les accepta très volontiers. Ils lui plaisaient beaucoup et il en donna aux deux frères le double de leur valeur.

Alors qu'ils étaient restés chez ce seigneur pendant un an, une guerre éclata entre Berké et Hulegu, le seigneur des Tartares de l'Est. Les deux armées étaient grandes, mais ce fut Berké, le seigneur des Tartares de l'Ouest, qui fut vaincu. Il y eut beaucoup de morts des deux côtés. À cause de cette guerre, personne ne pouvait voyager sans être capturé sur le chemin que les deux Vénitiens avaient pris en venant ; en avant, on pouvait avancer en sécurité, mais pas en arrière. Les deux frères, puisqu'ils ne pouvaient pas revenir sur leurs pas, décidèrent d'aller plus loin et quittèrent Berké. Ils se rendirent dans une cité qui s'appelait Uvek, à la limite du royaume du seigneur de l'Ouest. Puis ils franchirent le grand fleuve de la Volga et allèrent dans un désert long de dix-sept journées de voyage. Ils n'y trouvèrent ni villes ni châteaux mais seulement des Tartares avec leurs tentes, vivant de leurs bêtes qu'ils laissaient paître dans les champs.

Chapitre 3
Comment les deux frères traversèrent un désert et arrivèrent dans la cité de Boukhara.

Quand ils eurent traversé ce désert, ils arrivèrent à une cité appelée Boukhara, qui était très grande et très impressionnante. Le pays se nommait également Boukhara, et il y avait un roi qui s'appelait Barac. La cité était la plus belle de toute la Perse. Une fois arrivés, les deux frères ne pouvaient plus ni aller de l'avant, ni retourner sur leurs pas, si bien qu'ils restèrent dans la cité de Boukhara pendant trois ans.

Pendant ce séjour, des ambassadeurs de Hulegu, le seigneur de l'Est, allèrent trouver le Grand Seigneur de tous les Tartares du monde et arrivèrent dans la ville. Quand ils virent les deux frères, ils furent stupéfaits, car jamais ils n'avaient vu de Latin[1] dans ce pays, et ils leur dirent :

« Seigneurs, si vous voulez nous faire confiance, vous trouverez là beaucoup d'honneur et de profit. »

Ils répondirent qu'ils écouteraient volontiers leur proposition. Les ambassadeurs leur dirent :

« Le Grand Khan n'a jamais vu de Latin et désire vivement en voir. Pour cette raison, si vous voulez venir jusqu'à lui, assurément, sachez-le, il vous verra avec plaisir, vous traitera avec honneur et vous fera de grands bienfaits. Vous pourrez voyager avec nous en toute sécurité, sans craindre de mauvaise rencontre. »

[Les deux frères font confiance aux ambassadeurs et les suivent jusqu'auprès du Grand Khan.]

CHAPITRE 5
Comment les deux frères arrivèrent auprès du Grand Khan qui les reçut avec beaucoup d'égards.

Quand ils arrivèrent auprès du Grand Khan, celui-ci les accueillit avec beaucoup d'égards, leur fit fête, et se montra très heureux de leur venue. Il leur posa beau-

---
1. **Latin** : au Moyen Âge, on appelle « Latin » un Européen occidental et chrétien qui reconnaît l'autorité du pape.

coup de questions, d'abord sur les empereurs, pour savoir comment ils gouvernaient leur empire et leur terre, comment ils faisaient la guerre et tout ce qui les concernait. Ensuite il leur posa des questions sur leurs rois, leurs princes et leurs barons.

CHAPITRE 6
Comment le Grand Khan de Tartarie leur posa aussi des questions sur les chrétiens et précisément sur le pape.

Puis il les questionna sur le pape, l'Église de Rome et toutes les coutumes des Latins. Et les deux frères lui dirent toute la vérité sur chaque point, dans un beau discours bien ordonné, en hommes expérimentés qu'ils étaient, car ils connaissaient bien la langue des Tartares.

CHAPITRE 7
Comment le Grand Khan envoya les deux frères en ambassade auprès du pape.

Quand le seigneur, qui se nommait Khoubilaï, seigneur des Tartares de l'univers, de tous les pays, royaumes et régions de cette grandissime partie du monde, entendit la situation des Latins telle que les deux frères la lui avaient racontée, il fut très content et pensa en lui-même les envoyer en ambassade auprès du pape avec l'un de ses seigneurs. Ils lui répondirent qu'ils exécuteraient ses ordres comme s'il était leur seigneur. Khoubilaï fit venir un de ses officiers nommé Cogataï et il lui dit de se préparer à accompagner les deux frères auprès du pape. Cogataï répondit qu'il obéirait de son mieux. Ensuite, le seigneur fit traduire en turc une lettre adressée au pape et la donna aux deux frères et à son seigneur. Il leur apprit ce qu'ils devaient dire au pape. Voici le contenu de la lettre, sachez-le bien : il demandait au pape de lui envoyer cent savants de notre religion chrétienne, instruits dans les sept arts[1], experts pour débattre avec les idolâtres[2] et d'autres gens et pour démontrer rationnellement que la religion du Christ était la meilleure et que toutes les autres étaient mauvaises et fausses. Si ces savants parvenaient à le prouver, tout son empire et lui-même se convertiraient. Il les chargea aussi de lui apporter de l'huile de la lampe qui brûle sur le Sépulcre de Notre Seigneur à Jérusalem[3]. Tel était le contenu du message que le Grand Seigneur fit parvenir au pape par ses trois ambassadeurs, le seigneur tartare et les deux frères, messire Niccolo Polo et messire Maffeo Polo.

---

1. **Les sept arts :** au Moyen Âge, le savoir est traditionnellement divisé en sept disciplines appelées arts (grammaire, rhétorique et dialectique qui forment le *trivium* d'une part, géométrie, arithmétique, astronomie et musique qui constituent le *quadrivium* d'autre part).
2. **Les idolâtres :** ceux qui vénèrent des idoles, c'est-à-dire des images de leurs divinités.
3. **Le Sépulcre de Notre Seigneur à Jérusalem :** le tombeau du Christ, devant lequel brûlait une lampe à huile.

Chapitre 8
Comment le Grand Khan leur donna la plaque d'or de son commandement.

Quand le seigneur leur eut confié cette ambassade, il leur fit donner une plaque d'or, où il était écrit que les trois ambassadeurs devaient recevoir, quel que soit l'endroit où ils se rendraient, tous les frais de mission
5 dont ils auraient besoin, des chevaux et des hommes pour leur sécurité, et tout ce qu'ils voudraient. Quand ils furent prêts, ils prirent congé de leur seigneur et s'en allèrent. Quand ils eurent chevauché plusieurs jours, le seigneur tartare tomba tellement malade qu'il
10 ne put pas continuer, et il s'arrêta dans une cité. Les deux autres décidèrent d'achever leur voyage sans lui, ce que l'officier approuva. Ils se mirent donc en route. Partout où ils allaient, je vous l'affirme, ils avaient tous les services et tous les égards dont ils avaient besoin
15 et qu'ils pouvaient demander, grâce à la plaque de commandement qu'ils avaient reçue du seigneur. Ils chevauchèrent tant et si bien qu'ils arrivèrent en Arménie, à Layas. Ils mirent, je vous l'affirme, trois ans à voyager jusqu'à Layas, parce qu'ils étaient obligés de s'arrêter à
20 cause du mauvais temps, des neiges et des grandes pluies qu'il y avait parfois, et des grands fleuves qu'ils ne pouvaient pas traverser.

Chapitre 9
Comment les deux frères arrivèrent à la cité d'Acre.

Ils partirent de Layas et arrivèrent à la cité d'Acre au mois d'avril 1260. Ils découvrirent que le pape nommé***[1] était mort et allèrent voir un ecclésiastique savant qui était légat[2] pour tout le Proche-Orient. C'était un homme d'une grande autorité qui s'appelait Tebaldo de Plaisance. Quand le légat entendit le motif de leur ambassade, il en fut très étonné et pensa que c'était un grand bien et un grand honneur pour toute la chrétienté. Il répondit aux deux frères et ambassadeurs :

« Messieurs, vous savez que le pape est mort, et pour cette raison il vous faudra attendre qu'un nouveau pape soit nommé. Quand il sera élu, vous pourrez faire votre ambassade. »

Ils virent bien que le légat disait vrai et décidèrent, en attendant l'élection d'un nouveau pape, d'aller à Venise revoir leur maisonnée. Ils partirent d'Acre, allèrent en Eubée et de là naviguèrent jusqu'à Venise. Messire Niccolo apprit que sa femme était morte et qu'elle lui avait laissé un fils de quinze ans, appelé Marco : c'est de lui dont parle ce livre. Les deux frères restèrent à Venise deux ans, attendant toujours qu'un pape soit élu.

[Après l'élection du pape, les deux frères partent de Venise avec une lettre du nouveau pape et emmènent avec eux Marco, le fils de messire Niccolo, pour l'amener au Grand Khan.]

---
1. **Le pape nommé***** : le pape Alexandre IV.
2. **Légat** : ambassadeur du pape.

CHAPITRES 1 À 9

SITUER

C'est le premier voyage des frères Polo vers la Mongolie et leur premier contact avec le Grand Khan. Celui-ci charge les deux marchands vénitiens d'une mission auprès du pape.

RÉFLÉCHIR

STRUCTURE : partir en Orient

1. Quelles sont les différentes étapes de l'itinéraire des deux frères ? Placez-les sur un axe chronologique.

2. En quoi ce premier voyage annonce-t-il le second ?

PERSONNAGES : curiosité réciproque

3. Comment sont présentés les frères Polo ?

4. À quels moments du récit apparaît le Grand Khan ? En quoi est-il différent de Berké ?

QUI PARLE ? QUI VOIT ? Héros* et narrateur*

5. Qui annonce et présente Marco Polo ?

6. Relevez les prises de parole du narrateur. Qui parle dans ce récit ?

THÈMES : guerre et religion

7. Relevez les termes qui évoquent la guerre dans le chapitre 2 ? Comment la guerre est-elle présentée ?

8. Quelles sont les deux religions nommées dans les chapitres 5, 6 et 7 ? Pourquoi le Grand Khan veut-il faire une ambassade auprès du pape ?

ÉCRIRE

9. Racontez et décrivez l'accueil des frères Polo auprès du légat.

CHAPITRE 13
Comment messire Niccolo, Marco et messire Maffeo allèrent auprès du Grand Khan.

Les deux frères et Marco se mirent en route et chevauchèrent tant, en hiver comme en été, qu'ils arrivèrent auprès du Grand Khan. Celui-ci se trouvait dans une cité nommée Chang-Tou, qui est grande et très puissante. De ce qu'ils virent pendant leur voyage, nous n'en parlerons pas maintenant, mais nous vous le raconterons plus loin, clairement et en ordre. Ils mirent trois ans et demi pour faire ce trajet, et cela à cause du mauvais temps et des grands froids qu'ils durent supporter. Sachez en vérité que, quand le Grand Khan apprit que ses ambassadeurs, messire Niccolo et messire Maffeo Polo, revenaient, il envoya des messagers à leur rencontre au moins quarante jours avant leur arrivée.

CHAPITRE 14
Comment messire Niccolo, messire Maffeo et Marco arrivèrent devant le Grand Khan.

Que vous dire ? Quand les deux frères et Marco arrivèrent dans cette grande cité, ils se dirigèrent vers le palais principal. Là ils trouvèrent le Grand Seigneur en compagnie de très nombreux nobles. Ils s'agenouillèrent et se prosternèrent devant lui. Le seigneur les fit se lever et les reçut avec beaucoup d'égards, les fêta avec beaucoup de manifestations de joie et leur demanda comment ils allaient et ce qu'ils avaient fait.

Ils répondirent qu'ils allaient fort bien puisqu'ils l'avaient trouvé en bonne santé et heureux. Puis ils lui présentèrent les privilèges et la lettre du pape, qu'il reçut avec une grande joie. Puis ils lui donnèrent la sainte huile du Tombeau. Il en fut très heureux et la conserva précieusement. Quand il vit Marco, qui était encore tout jeune homme, il demanda qui il était.

« Seigneur, dit son père messire Niccolo, c'est mon fils et votre serviteur.

— Bienvenue à lui ! » dit le Grand Khan.

Pourquoi parler plus longtemps ? Sachez qu'il y eut à la Cour une très grande fête pour leur arrivée. Tous les servirent et leur firent des marques d'honneur. Ils demeurèrent à la Cour avec les nobles.

CHAPITRE 15
Comment le seigneur fit de Marco son messager.

Or, Marco, le fils de messire Niccolo, apprit si bien les coutumes des Tartares, leur langue, leur écriture et leur façon de tirer à l'arc que c'était extraordinaire. Sachez-le en vérité, il apprit en peu de temps plusieurs langues et quatre de leurs écritures[1]. Il était savant et prudent en toutes choses. Aussi le seigneur était-il très bienveillant à son égard. Il trouva que Marco était si savant et qu'il se comportait si bien qu'il l'envoya comme messager vers un pays qui était à au moins six mois de route. Le jeune garçon accomplit son ambassade avec sagesse et habileté. Il avait compris que les

---

1. Ces quatre écritures seraient l'écriture arabo-persane, l'écriture ouïgoure, l'écriture mongole et l'écriture soit chinoise, soit tibétaine. Six langues étaient employées officiellement dans l'Empire mongol à cette époque.

ambassadeurs envoyés par le seigneur dans diverses parties du monde ne pouvaient raconter, à leur retour, que la raison pour laquelle ils étaient partis. Le seigneur, qui les considérait comme fous et simples d'esprit, leur disait :

« J'aimerais mieux entendre du neuf et les coutumes des pays que ce pour quoi tu y es allé ! »

Le seigneur désirait en effet entendre de l'extraordinaire. Aussi, à l'aller comme au retour, Marco s'efforça de s'informer sur toutes les caractéristiques des pays pour pouvoir les raconter au Grand Khan à son retour.

CHAPITRE 16
Comment Marco revint de sa mission.

Quand Marco fut de retour, il alla auprès du seigneur et lui raconta la mission qu'il avait parfaitement accomplie. Puis il lui décrivit toutes les nouveautés et les faits extraordinaires qu'il avait vus, et cela avec beaucoup de sagesse. Le seigneur et tous ses auditeurs en furent stupéfaits et dirent :

« Si ce jeune homme vit, il ne peut manquer d'être un homme de grande intelligence et de grande valeur. »

Aussi fut-il désormais appelé messire Marco Polo. Et c'est ainsi que nous le nommerons dans ce livre désormais, et à juste titre. Après cela, messire Marco Polo resta bien dix-sept ans auprès du Grand Khan, allant cependant ici ou là en mission à travers les divers pays où le seigneur l'envoyait. Et lui, en homme savant et informé des habitudes du seigneur, s'efforçait de voir et d'apprendre tout ce qui, pensait-il, pouvait plaire au Grand Khan : à son retour, il lui racontait tout avec ordre, si bien que le seigneur l'aimait et l'appréciait beaucoup. Pour cette raison, il l'envoyait dans toutes les grandes ambassades, les plus importantes et les plus lointaines. Marco accomplissait toujours sagement ses missions, grâce à Dieu ! Aussi le seigneur l'aimait beaucoup, le gratifiait de nombreuses marques d'honneur et le tenait près de lui, si bien que plusieurs nobles le jalousaient. Voilà pourquoi l'ambassadeur Marco en connut et en vit plus sur les différents pays du monde qu'aucun autre homme. Surtout, il faisait tous ses efforts pour savoir, découvrir et rechercher des informations qu'il pourrait ensuite rapporter au Grand Khan.

Chapitre 17
Comment messire Niccolo, messire Maffeo et Marco demandèrent congé au Grand Seigneur, c'est-à-dire au Grand Khan.

Les deux frères et Marco restèrent avec le seigneur autant de temps que vous l'avez entendu. Ils décidèrent ensuite de retourner dans leur pays, car il en était bien temps. Ils demandèrent plusieurs fois congé au seigneur en l'en priant avec douceur. Mais ce dernier les aimait tant et les gardait si volontiers autour de lui qu'il ne voulait leur répondre pour rien au monde. Or il arriva qu'en cette saison mourut la reine Bolgana, la femme d'Argoun, le seigneur de l'Est. Dans son testament, elle avait interdit à aucune autre femme de monter sur le trône ou de devenir la femme d'Argoun, sauf si elle était de la même tribu qu'elle. Alors Argoun choisit trois nobles qui s'appelaient, le premier Oulataï, le deuxième Apusca, le troisième Coja. Il les envoya en grand équipage comme ambassadeurs auprès du Grand Khan ; le seigneur devait lui envoyer une dame de la tribu de la reine Bolgana, sa femme décédée, pour son remariage. Quand ces trois nobles arrivèrent auprès du Grand Khan, ils lui dirent leur mission et ce pour quoi Argoun les avait envoyés. Le Grand Khan les reçut avec beaucoup de marques d'honneur et les fêta avec beaucoup de joie. Puis il fit chercher une dame nommée Cocacin, de la tribu de la reine défunte Bolgana : elle était âgée de quinze ans et c'était une très belle et très gracieuse dame. Quant elle fut arrivée, il dit aux trois nobles que c'était celle qu'ils demandaient et ils répondirent que le choix leur convenait bien.

Pendant ce temps, messire Marco revint d'Inde, où il était allé comme ambassadeur, et raconta les différentes choses qu'il avait vues en chemin et comment il avait voyagé sur différentes mers. Les trois nobles, en voyant monseigneur Niccolo, messire Maffeo et messire Marco, qui étaient latins et savants, furent stupéfaits. Ils décidèrent de les emmener avec eux, car leur projet était de retourner dans leur pays par mer, à cause de la dame et des grandes fatigues d'un si long voyage par voie de terre. En outre, ils voulaient les emmener avec eux parce qu'ils savaient qu'ils avaient vu et parcouru une bonne partie de la mer d'Inde et des contrées par où ils devaient passer, et en particulier messire Marco. Aussi se rendirent-ils auprès du Grand Khan pour lui demander de leur confier les trois Latins. Le seigneur, qui aimait tant ses trois Latins, je vous l'ai dit, le leur accorda à contrecœur et leur donna congé.

Chapitre 18
Comment les deux frères et messire Marco quittèrent le Grand Khan.

Quand le seigneur vit que les deux frères et messire Marco allaient partir, il les fit venir tous trois devant lui et leur donna deux tables d'or de commandement qui leur permettraient de voyager en toute liberté dans son royaume et d'être exonérés, eux et leurs compagnons, de toute dépense pour tout ce dont ils auraient besoin. Il les chargea également d'une ambassade auprès du pape, du roi de France, du roi d'Angleterre, du roi d'Espagne et des autres rois chrétiens. Puis il leur fit préparer quatorze navires, qui avaient chacun quatre mâts et pouvaient naviguer avec douze voiles. On pourrait vous expliquer comment, mais ce serait trop long, et on vous en parlera plus loin, en temps et en lieu utiles.

Quand les bateaux furent prêts, les trois nobles, la dame, les deux frères et messire Marco prirent congé du Grand Khan et s'installèrent dans les navires avec beaucoup de gens. Ils reçurent de leur seigneur de l'argent pour leurs dépenses pendant deux ans. Ils prirent ensuite la mer et naviguèrent trois mois. Puis ils arrivèrent dans une île au sud nommée Java, dans laquelle il y a beaucoup de merveilles : nous vous les décrirons plus loin. Puis ils quittèrent l'île et naviguèrent au moins dix-huit mois dans l'océan Indien, avant d'arriver au terme de leur voyage. Ils découvrirent beaucoup de merveilles et de choses stupéfiantes dont nous vous parlerons aussi plus loin. À leur arrivée, ils apprirent la mort d'Argoun, et la dame fut donnée à son fils Ghazan. Assurément, sachez-le bien, quand ils embarquèrent ils étaient bien cinq cents, sans compter les marins, mais tous moururent, sauf dix-huit hommes. Ils apprirent aussi que c'est Ghaïkhatou qui gouvernait le pays. Ils lui recommandèrent la dame et remplirent leur mission. Une fois accomplies la mission et la charge que le grand seigneur leur avait confiées pour la dame, les deux frères et messire Marco prirent congé et se mirent en route.

Avant leur départ, la dame Cocacin leur donna quatre plaques de commandement en or, deux avec un gerfaut[1], une avec un lion, et la dernière sans image, où il était dit dans leur écriture que les trois ambassadeurs devaient être honorés et servis sur toute sa terre comme s'il s'agissait d'elle-même et qu'on devait leur donner chevaux, argent et escorte. Et certes on agit ainsi à leur égard, car, dans tout le royaume, ils eurent tout ce dont ils avaient besoin : souvent, je vous le dis, deux cents hommes à cheval et plus leur étaient donnés selon ce qu'exigeait leur sécurité. Que dire de plus ? Quand ils furent partis, ils chevauchèrent tant qu'ils arrivèrent à Trébizonde. Puis ils se rendirent à Constantinople, de là en Eubée et d'Eubée à Venise. C'était en l'an de grâce 1295.

[C'est la fin de la première partie. Le récit commence par la description de l'Arménie et de la Turquie.]

---

1. **Gerfaut** : oiseau rapace de grande taille.

CHAPITRES 13 À 18

SITUER

Marco Polo est présent lors du second voyage et se distingue de son père et de son oncle par ses exploits.

RÉFLÉCHIR

STRUCTURE : être bref

1. Relevez les éléments du récit* qui indiquent la durée.

2. Quelles sont les différentes étapes du voyage décrites dans ces chapitres ?

3. Ces six chapitres (13 à 18) constituent-ils un sommaire* ? Pourquoi ?

GENRES : raconter

4. Relevez les phrases où c'est le narrateur* qui parle. En quoi relèvent-elles du récit oral ?

5. À quelle personne est écrit le récit ? Peut-on dire qu'il s'agit d'une autobiographie* ? Pourquoi ?

PERSONNAGES : le Grand Khan et Marco Polo

6. Qu'est-ce qui distingue Marco Polo des autres personnages dans les chapitres 15 et 16 et fait de lui le héros* du récit ?

7. Comment Marco Polo décrit-il les pays qu'il découvre ? En quoi est-ce une annonce de la suite de l'ouvrage ?

8. Comment apparaît le Grand Khan ? En quoi se distingue-t-il d'un roi occidental ?

ESPACE ET TEMPS : le voyage

9. Relevez les lieux évoqués et situez-les sur une carte.

10. Relevez les noms de tous les personnages et classez-les en deux catégories selon un critère que vous expliquerez. Indiquez ceux qui marquent l'exotisme*.

11. Comparez le temps du séjour et celui du retour. Sont-ils traités de la même manière par le narrateur* ?

ÉCRIRE

12. Rédigez la lettre que les trois Tartares adressent au Grand Khan pour demander à être accompagnés des trois chrétiens.

FAIRE LE POINT — LES DEUX VOYAGES

Cette première partie est une présentation des protagonistes et constitue le résumé des voyages des Polo.

STRATÉGIES : vrai et merveille*
L'enjeu est posé : dire le vrai et conter les merveilles. Le triple rôle de Marco Polo est indiqué : acteur*, témoin et conteur.

1. Quelle raison a amené Marco Polo à « mettre par écrit ce qu'il avait vu et entendu de véritable » (p. 24, l. 18-19) ?

2. Quelles expressions montrent que le narrateur veut affirmer l'authenticité et la véracité de son récit ?

GENRES : récit de voyage*
Le Livre des merveilles appartient au genre du récit de voyage et suit un fil narratif, mais il est aussi une description qui fixe un cadre géographique.

3. Les chapitres 1 à 18 constituent un récit à part entière. Qui sont les héros en présence ? Quelles sont les étapes de ce récit ?

4. Pourquoi les lieux évoqués ne sont-ils pas décrits plus précisément ?

QUI PARLE ? QUI VOIT ? Dire et raconter
Le Prologue (p. 23) et l'Introduction (p. 24) mettent en évidence la complexité de la rédaction du livre : Marco Polo est l'initiateur de ce récit vraisemblablement oral, mais c'est Rusticien de Pise, romancier de métier, qui a mis l'ensemble par écrit.

5. Quelle est la source d'information de l'ensemble du *Livre des merveilles* ?

6. À quelle personne est écrit le récit ? Indiquez les passages qui marquent le passage de l'oral à l'écrit.

ESPACE ET TEMPS : l'appel de l'Orient
Cette première partie situe dans le temps les voyages des Polo ainsi que le moment de la rédaction de l'ouvrage, ce qui est unique dans l'ensemble d'un livre où les références temporelles sont absentes. Inversement, l'espace géographique est nommé sans aucune précision.

7. Comment l'éloignement est-il indiqué dans ces chapitres ? Quel rôle jouent les noms des lieux évoqués ?

8. À l'aide des indications temporelles du texte, faites une frise chronologique en indiquant les étapes du premier voyage et la rédaction du livre.

VERS LE PAYS DES TARTARES

CHAPITRE 22
La Géorgie et ses rois.

En Géorgie, il y a un roi que l'on appelle toujours David Melic, ce qui signifie en français David Roi, et qui est sujet du roi des Tartares. Jadis, tous les rois de ce pays naissaient avec un signe en forme d'aigle sur
5 l'épaule droite. Les gens de ce pays sont beaux, ce sont d'excellents guerriers, de bons archers et de bons combattants. Ils sont chrétiens selon la religion grecque[1]. Ils portent les cheveux courts à la manière des clercs. C'est le pays qu'Alexandre[2] ne put traverser
10 quand il voulut revenir à l'ouest, parce que la route est étroite et dangereuse. D'un côté il y a une mer, et de l'autre de très grandes montagnes où l'on ne peut aller à cheval. Cette voie étroite s'étend sur plus de quatre lieues et il ne faut que peu de personnes pour protéger
15 ce passage. Alexandre y fit édifier une tour fortifiée pour qu'aucun peuple ne puisse passer pour l'attaquer : elle fut appelée la Porte du fer. C'est le lieu où, selon *Le Livre d'Alexandre*[3], celui-ci enferma les Tartares à l'intérieur de deux montagnes. En réalité, ce n'était pas
20 des Tartares, mais un peuple qui s'appelait Coumans[4], et on trouvait aussi de nombreux autres peuples, car les Tartares n'étaient pas encore là à cette époque.

---

1. **La religion grecque :** la religion chrétienne orthodoxe.
2. **Alexandre le Grand**, roi de Macédoine de l'Antiquité, a inspiré plusieurs récits romancés au Moyen Âge et sa vie est devenue une légende, en particulier ses expéditions vers l'Orient.
3. *Le Livre d'Alexandre :* sans doute *Le Roman d'Alexandre*, un des plus célèbres récits centrés sur Alexandre le Grand (voir extrait p. 210).
4. **Coumans :** habitants des steppes antérieurs aux Tartares, parfois appelés Scythes.

Il y a là beaucoup de villes et de châteaux, les habitants ont de la soie en abondance et ils fabriquent de très beaux draps d'or et de soie de toutes sortes. On y trouve les meilleurs autours[1] du monde. Il y a de tout en abondance et les gens y vivent de commerce et d'artisanat. Le pays est très montagneux avec beaucoup de passages très étroits et très difficiles : jamais les Tartares, je vous l'assure, n'ont pu le dominer complètement. Il y a aussi un monastère de religieuses appelé Saint-Léonard, où l'on trouve la merveille suivante. Près de l'église est situé un grand lac dont l'eau sort d'une montagne et où l'on ne trouve aucun poisson, ni grand ni petit. Mais quand arrive le premier jour du carême, on y trouve le plus beau poisson du monde en grande quantité, et ceci jusqu'au samedi saint. On n'en trouve plus ensuite jusqu'au prochain carême et il en est ainsi tous les ans : c'est un beau miracle ! La mer dont je vous parle et qui est proche des montagnes s'appelle la mer Caspienne : elle fait environ sept cents milles[2] de circonférence et est à douze jours de toutes les autres mers. Dans cette mer se jettent le grand fleuve d'Euphrate et plusieurs autres fleuves[3]. Elle est entourée de montagnes. Depuis peu, les marchands de Gênes y naviguent sur les embarcations qu'ils y ont apportées. C'est de là que vient la soie guelle[4]. Nous vous avons parlé des frontières du Nord de la grande Arménie et nous allons vous décrire celle qui se trouve entre le Sud et l'Est.

[Le récit décrit ensuite le royaume de Mossoul et la diversité religieuse et ethnique de sa population.]

---

1. **Autour :** oiseau rapace proche de l'épervier et très apprécié pour la chasse.
2. **Sept cents milles :** environ 1 300 km. Le mille, fréquemment utilisé comme unité de longueur par Marco Polo, est le mille marin qui vaut 1 852 m.
3. Erreur géographique : l'Euphrate se jette dans le golfe Persique.
4. **Soie guelle :** soie de Geluchelan, jaune et très réputée.

Chapitre 24
La cité de Bagdad et sa prise.

Bagdad est une très grande ville où résidait le calife de tous les musulmans du monde, comme se trouve à Rome le siège du pape et des chrétiens. Un très grand fleuve traverse la cité et mène à l'océan Indien, qui est à dix-huit journées de marche de là. Ainsi beaucoup de marchands vont et viennent sur ce fleuve avec leur marchandise. D'une ville appelée Kich, ils arrivent à l'océan Indien. Entre Bagdad et Kich, il y a une grande cité qui s'appelle Bassorah, et dans les bois qui l'entourent sont produites les meilleures dattes du monde. À Bagdad, on fabrique toutes sortes d'étoffes de soie et d'or comme le nasic, le nac[1] et le cramoisi[2], et beaucoup d'autres sortes de tissus. Bagdad est la plus illustre et la plus grande ville qui soit en ce pays.

C'est un fait que, en l'an 1225, le seigneur des Tartares orientaux, qui s'appelait Hulegu et qui était le frère du Grand Khan qui règne maintenant, rassembla une très grande armée, marcha sur Bagdad et s'en empara. Ensuite, il trouva une tour remplie d'or, d'argent et d'autres trésors en quantité telle que jamais on en vit autant en un lieu. Quand il vit ce grand trésor assemblé, il en fut très surpris et demanda au calife :

« Calife, dis-moi donc pourquoi tu as accumulé un tel trésor. Que devais-tu en faire ? Ne savais-tu pas que j'étais ton ennemi et que je venais t'attaquer avec une si grande armée pour te dépouiller ? Pourquoi n'as-tu pas pris tes richesses et ne les as-tu pas données aux mercenaires[3], aux chevaliers et aux soldats pour vous

---

1. **Nasic, nac :** brocarts de soie dorée.
2. **Cramoisi :** tissu de couleur rouge foncé, tirant sur le violet.
3. **Mercenaires :** soldats payés au service d'un autre pays que le leur.

défendre, toi et ta cité ? »

Le calife ne savait quoi lui répondre et il se tut. Le seigneur lui dit alors :

« Eh bien, calife, puisque je vois que tu as tant aimé ton trésor, je veux te le donner à manger comme s'il t'appartenait. »

Il le fit saisir et mettre dans la tour, en ordonnant qu'on ne lui donne rien à manger ni à boire, puis il lui dit :

« Calife, mange donc de ton trésor autant que tu voudras puisqu'il te plaisait tant, car jamais tu n'auras d'autre nourriture. »

Le calife demeura quatre jours à l'intérieur et mourut misérablement. Il aurait assurément mieux valu pour lui d'avoir donné son trésor aux soldats, qui auraient défendu sa terre, son peuple et lui-même, plutôt que d'être prisonnier, dépossédé et tué ainsi. Depuis, il n'y eut plus jamais de calife, ni à Bagdad, ni ailleurs. Je vais maintenant vous raconter un grand miracle que Dieu fit à Bagdad pour les chrétiens.

CHAPITRE 25
Le récit du miracle de la montagne de Bagdad.

Voici ce qui arriva vraiment entre Bagdad et Mossoul. Un calife qui était à Bagdad en 1295 haïssait grandement les chrétiens : jour et nuit il se demandait comment convertir ceux de son royaume à l'islam ou, le cas échéant, les faire mourir. Il en délibérait avec les prêtres de sa religion, car tous sans exception leur voulaient un très grand mal, et il est vrai que tous les musulmans du monde entier veulent toujours beaucoup de mal à tous les chrétiens du monde entier. Or il arriva que le calife et ses sages découvrirent dans notre Évangile le point que je vais vous dire : si un chrétien ayant une foi grosse comme un grain de moutarde disait à une montagne de se lever, elle se lèverait[1]. Et sachez-le, c'est la vérité. Une fois ce passage découvert, ils s'en réjouirent car c'était un bon moyen de faire devenir musulmans tous les chrétiens ou de les faire mourir.

Le calife convoqua donc tous les chrétiens de sa terre, qui étaient très nombreux. Quand ils furent devant lui, il leur montra l'Évangile et leur fit lire le texte qui s'y trouve et que j'ai cité. Quand ils l'eurent lu, il leur demanda si c'était vrai. Les chrétiens le leur confirmèrent.

« Eh bien, dit le calife, puisque vous dites que c'est vrai, je vous proposerai ce choix, car il doit bien y avoir parmi vous, qui êtes si nombreux, une aussi petite foi : ou vous ferez remuer la montagne que vous voyez là – et il la leur montra du doigt, car elle était proche – ou je vous ferai tous mourir d'une mort cruelle. Mais si vous voulez échapper à la mort, convertissez-vous tous à notre bonne religion musulmane. Je vous donne un délai de dix jours. Si ce n'est pas fait au terme de ce délai, vous mourrez ou vous deviendrez musulmans. »

À ces mots, il les congédia afin qu'ils puissent réfléchir au moyen d'accomplir cette tâche.

---

1. On trouve ce passage dans l'Évangile selon Matthieu, XXII, 20.

CHAPITRE 26
Comment les chrétiens
eurent grand-peur des paroles du calife.

Les chrétiens, ayant entendu ce que le calife leur avait dit, avaient grand-peur. Toutefois ils mirent toute leur espérance en Dieu, leur créateur, qui les aiderait dans ce grand péril. Tous les sages chrétiens qui étaient là, beaucoup d'évêques et de prêtres, se consultèrent et ne purent trouver ni voir d'autre solution que de se tourner vers celui par qui tous les biens arrivent, pour qu'il les défende des mains du cruel calife par sa grâce. Hommes et femmes furent tous en prière huit jours et huit nuits.

Au bout des huit jours, un évêque, qui était fort bon chrétien, eut une vision du saint ange céleste : il devait demander à un savetier[1] chrétien qui n'avait qu'un œil de prier Dieu, et, dans sa bonté, Dieu accomplirait la prière qu'ils avaient faite, à cause de la sainteté du savetier. Je vais vous dire quel homme était ce savetier. Sachez qu'il menait une vie très honnête et très chaste, qu'il jeûnait et ne faisait aucun péché, et que, chaque jour, il faisait don au nom de Dieu de l'argent qu'il gagnait. En outre, voilà pourquoi il n'avait qu'un œil : un jour, une femme vint auprès de lui pour lui faire faire des souliers et lui montra son pied pour en faire prendre la mesure ; elle avait une fort belle jambe et un fort beau pied. Ce fut un objet de scandale et de péché pour sa conscience. Plusieurs fois il avait entendu dire à l'église, dans le saint Évangile, que si l'œil, dehors, scandalise la conscience à l'intérieur de soi, il fallait mieux l'arracher que pécher[2]. Il agit ainsi : dès que la femme fut partie, il prit l'aiguille avec laquelle il cousait et s'en frappa l'œil qu'il creva. Voyez quel homme saint, juste et vertueux il était !

---

1. **Savetier** : artisan qui répare les sabots.
2. Évangile selon Matthieu, XVIII, 9.

CHAPITRE 27
La vision que l'évêque eut du savetier borgne.

Quand l'évêque eut plusieurs fois la vision que vous avez entendu raconter, il en parla aux autres chrétiens. Ils furent tous d'accord pour faire venir devant eux le savetier. À son arrivée, ils lui dirent qu'ils lui deman-
5 daient de prier Dieu, qui leur avait promis de les exaucer. Quand il entendit ce qu'on lui disait, il s'excusa beaucoup en disant qu'il n'était pas aussi saint qu'ils le disaient. Mais ils le prièrent très doucement : il dit alors qu'il ne manquerait pas de faire ce qu'ils voulaient.

CHAPITRE 28
Comment la prière du savetier, ce saint homme, fit se déplacer la montagne.

Au terme du délai, les chrétiens se levèrent de bonne heure. Hommes et femmes, petits et grands, plus de cent mille personnes allèrent à l'église et entendirent la sainte messe. La messe chantée, ils se
5 mirent tous en route pour aller dans la plaine près de la montagne en grande procession, avec la précieuse croix devant eux, dans un concert de cris et de larmes. Une fois arrivés, ils trouvèrent le calife avec toute son armée de musulmans prêts à les tuer ou à les convertir
10 à leur religion, car ils ne pensaient pas que Dieu leur ferait cette grâce. Les chrétiens avaient grand-peur, mais gardaient leur espérance en Jésus-Christ. Le save-

tier reçut la bénédiction de l'évêque, puis il se jeta à terre à genoux devant le signe de la vraie Croix, tendit
¹⁵ ses mains vers le ciel et fit cette prière :

« Cher seigneur, Dieu tout-puissant, je te prie de bien vouloir par ta sainte bonté faire cette grâce à ce peuple qui est le tien, pour qu'ils ne meurent pas et que ta religion ne soit ni vaincue ni méprisée ; ce n'est
²⁰ pas que je sois digne de te prier ni de faire cette requête, mais ta puissance et ta miséricorde sont si grandes que tu écouteras ma prière, à moi qui suis ton serviteur plein de péchés. »

Il pria Dieu, le Père tout-puissant par qui toutes grâces
²⁵ sont accomplies, et aussitôt, sous les yeux du calife, de tous les musulmans et des autres spectateurs, la montagne se souleva de son emplacement et alla là où le calife l'avait demandé. Quand le calife et tous les musulmans le virent, ils demeurèrent stupéfaits et furent
³⁰ émerveillés de ce miracle que Dieu avait fait pour les chrétiens. Aussi beaucoup de musulmans devinrent chrétiens, et le calife en particulier, qui se fit baptiser au nom du Père, du Fils et du Saint-Esprit, amen. Il devint ainsi chrétien, mais en secret. Quand il mourut, on
³⁵ trouva une croix à son cou et on ne voulut pas l'enterrer avec les autres califes. Les chrétiens éprouvèrent une grande joie de ce grand et très saint miracle et s'en retournèrent en faisant une très grande fête, en rendant grâce à leur Créateur de ce qu'il avait fait pour eux.

⁴⁰ Voilà comment se passa l'événement que vous avez entendu et ce fut un grand miracle. Ne vous étonnez pas si les musulmans détestent les chrétiens, car la maudite religion que Mahomet leur donna ordonne de faire tous les maux possibles à toutes sortes de gens, et
⁴⁵ surtout aux chrétiens, de leur voler leurs biens et de leur nuire de toutes les manières possibles parce qu'ils

ne sont pas de leur religion. Voyez comme leur religion est sanglante et comme ils ont de mauvais commandements ! Tous les musulmans du monde entier se comportent ainsi. Nous vous avons parlé de Bagdad, nous pourrions vous parler des travaux et des coutumes de ses habitants, mais ce serait trop long, car je veux vous raconter de grandes merveilles, que vous pourrez entendre très clairement à la lecture de ce livre. Je vais donc vous parler de Tabriz.

[Après la description de Tabriz vient celle de la Perse.]

CHAPITRE 30
Description du grand pays de Perse.

La Perse est un grand pays, qui autrefois était très illustre et très puissant, mais qui a été dévasté et détruit par les Tartares. En Perse se trouve la cité de Saveh d'où partirent les trois rois qui vinrent adorer Jésus-Christ[1], car ils sont enterrés dans cette cité dans trois très grands et très beaux tombeaux. Sur chacun d'eux, il y a une maison carrée[2] fort bien nettoyée, et ils sont juste l'un à côté de l'autre. Les corps sont encore intacts, avec les cheveux et la barbe. L'un se nommait Gaspard, l'autre Balthazar et le troisième Melchior. Le messager Marco Polo interrogea beaucoup les habitants de cette ville sur l'identité des trois mages. Mais il ne trouva personne capable de lui en parler, si ce n'est pour lui dire qu'il s'agissait de trois rois autrefois enterrés en ce lieu.

---

1. **Les trois rois qui vinrent adorer Jésus-Christ :** les trois Rois mages. L'épisode raconté par Marco Polo s'inspire de sources orientales.
2. **Une maison carrée :** il s'agit du tombeau au-dessus de la sépulture.

Au bout de trois jours, il apprit ce que je vais vous dire, et il découvrit un château appelé Kalaï Atapchparastan, ce qui veut dire, en français, « château des adorateurs du feu », et leur nom est juste, car les habitants adorent le feu. Je vais vous dire pourquoi ils l'adorent, selon leurs propos. Autrefois les trois rois de cette cité allèrent adorer un prophète qui venait de naître et ils portèrent trois offrandes, de l'or, de l'encens et de la myrrhe[1], pour savoir si ce prophète était dieu, roi ou médecin. Car ils disaient que s'il prenait l'or, il serait roi, s'il prenait l'encens, il serait dieu, et s'il prenait la myrrhe, il serait médecin. Or il arriva que, arrivés là où l'enfant était né, le plus jeune des trois entra et découvrit que l'enfant avait le même âge que lui. Il ressortit et montra son étonnement. Ensuite entra le deuxième d'âge intermédiaire et l'enfant lui parut aussi avoir son âge. Il sortit en manifestant sa stupéfaction. Puis le dernier et le plus âgé entra. Il lui arriva exactement la même chose qu'aux deux autres et il sortit tout pensif. Quand ils furent tous les trois ensemble, chacun dit aux deux autres ce qu'il avait vu et découvert. Ils furent très étonnés et décidèrent d'entrer tous les trois ensemble. Ils virent l'enfant sous son apparence normale de bébé de treize jours, ils l'adorèrent et lui offrirent de l'or, de l'encens et de la myrrhe. L'enfant reçut ces trois offrandes et leur donna ensuite une boîte close. Les trois rois s'en repartirent dans leurs pays.

---

1. **Myrrhe :** gomme résine odorante fournie par un arbre d'Arabie et utilisée comme parfum ou comme plante médicinale.

CHAPITRE 31
Le retour des trois rois.

Après plusieurs journées de voyage à cheval, ils voulurent voir ce que l'enfant leur avait donné. Ils ouvrirent la boîte et y trouvèrent une pierre. Quand ils la virent, ils se demandèrent ce que pouvaient être ce cadeau de l'enfant et sa signification. Son sens était le suivant : quand ils présentèrent chacun leur offrande à l'enfant, il les prit toutes les trois. Ils se dirent que, pour cette raison, il était vrai dieu, vrai roi et vrai médecin. Le don de l'enfant signifiait que la foi qu'ils avaient commencé à avoir devait être ferme comme cette pierre. L'enfant leur avait donné la pierre avec ce sens, car il connaissait leurs pensées. Comme ils ignoraient ce que la pierre voulait dire, ils la jetèrent dans un puits. Aussitôt, un feu ardent descendit du ciel et tomba là où la pierre avait été jetée. Quand les rois virent cette grande merveille, ils restèrent tout ébahis et regrettèrent d'avoir jeté la pierre, car ils en comprirent la signification, qui était grande et bonne. Ils prirent aussitôt de ce feu, l'emportèrent dans leur pays et le mirent dans une de leurs églises, qui était très belle et très riche. On le fait toujours brûler et on l'adore comme un dieu. Tous les sacrifices que les habitants font cuisent avec ce feu, et s'il arrive qu'il soit éteint, on va dans les autres villes aux alentours qui ont la même religion, on se fait donner du feu et on l'emporte dans les églises. Voilà pourquoi les habitants de ce pays adorent le feu. Il arrive souvent qu'ils fassent dix jours de voyage pour aller le chercher. Voilà ce que racontèrent à messire Marco Polo les habitants de ce village. Ils lui garantirent que cela s'était vraiment passé ainsi. Selon eux, l'un des trois rois avait été souverain d'une cité qui s'appelle Saveh, le deuxième d'une autre qui s'appelait Aveh, et le troisième du village qui adore ce feu, avec toute sa région.

[Marco Polo décrit ensuite les huit royaumes de Perse, la cité de Yazd, Kerman et Camadin, puis Ormuz, deux déserts dont l'un où se trouve l'Arbre sec et la cité de Khoubanan où l'on fabrique de l'acier, des miroirs et de l'oxyde de zinc.]

CHAPITRE 40
Le Vieux de la Montagne.

Moulette est une région où résidait autrefois le Vieux de la Montagne. Moulette signifie en français « dieu terrestre ». Nous allons vous raconter son histoire d'après ce que messire Marco Polo en a appris de la bouche de nombreux habitants. Le Vieux était appelé dans leur langue Aladin. Entre deux montagnes et une vallée, il avait fait fortifier le plus grand et le plus beau jardin au monde, plein de tous les fruits de l'univers. Il y avait là les plus belles demeures et les plus beaux palais jamais vus, tous dorés et décorés de très belles peintures. Il y avait des conduits où coulaient vin, lait, miel et eau. Et il était plein de dames et de jeunes filles, les plus belles du monde, qui savaient jouer de tous les instruments, chantaient et dansaient : c'était un délice ! Le Vieux faisait dire que ce jardin était le paradis. Il l'avait fait tel que Mahomet évoquait un paradis, fait de beaux jardins pleins de conduits de vin, de lait, de miel et d'eau, et remplis de belles femmes pour le plaisir de chacun, à la manière du jardin du Vieux. C'est pour cette raison qu'on croyait que c'était

CHAPITRES 22 À 31

SITUER

Après le récit des deux voyages de la famille Polo, la description des pays traversés commence par le Proche-Orient.

RÉFLÉCHIR

STRUCTURE : visiter l'histoire sainte

1. Quels lieux sont évoqués dans ces chapitres ? Quelle importance représentent-ils pour la Méditerranée médiévale ?

2. Quel est le rôle de la description géographique dans ces chapitres ?

3. Quel est le rôle de Marco Polo d'après les chapitres 30 et 31 ?

GENRES : raconter et édifier

4. Comparez les deux récits des chapitres 30 et 31 et 25-28. Quel est leur genre ?

5. Quels éléments sont le plus souvent décrits dans ces chapitres ? À quel domaine appartiennent-ils ?

6. Quelles leçons se dégagent de ces trois récits ?

7. Ces récits illustrent-ils le titre de l'ouvrage, *Le Livre des merveilles* ?

PERSONNAGES : les Rois mages, les califes et le savetier

8. Qu'est-ce qui caractérise les deux califes ?

9. Par quels procédés le savetier est-il présenté comme un saint ?

10. Documentez-vous sur l'histoire des Rois mages. Comment cette histoire est-elle transformée ?

THÈMES : la religion

11. Relevez le champ lexical* de la religion dans le chapitre 26.

12. Relevez les adjectifs appliqués aux chrétiens et aux musulmans. Que révèlent-ils sur la religion du narrateur* ?

13. À partir de la date indiquée dans le texte, recherchez les événements majeurs qui illustrent cette période dans les pays du Proche-Orient. Pourquoi le narrateur s'attarde-t-il autant sur ces récits ? Quelle religion domine dans cette région ?

14. Dans le chapitre 28, la vision des musulmans vous paraît-elle juste ou caricaturale et manichéenne ? Justifiez votre réponse à partir des expressions du texte.

ÉCRIRE

15. Racontez le retour des Rois mages vu par l'un d'entre eux.

le paradis. Dans ce jardin, personne n'entrait, sauf ceux dont il voulait faire ses assassins. Il y avait à l'entrée un château si bien fortifié que personne ne pouvait le prendre, et on ne pouvait y entrer que par là. Il élevait dans sa cour des jeunes garçons de son pays âgés de douze ans qui voulaient être hommes d'armes ; il leur décrivait le paradis selon les propos de Mahomet, et eux le croyaient. Il les faisait mettre dans ce jardin par quatre, six ou dix et leur faisait boire un breuvage. Dès qu'ils l'avaient bu, ils s'endormaient ; alors il les faisait prendre, mettre dans son jardin, et là, ils se réveillaient et découvraient où ils étaient.

Chapitre 41
Formation des Assassins par le Vieux.

Quand ils se trouvaient à l'intérieur et qu'ils se voyaient en si beau lieu, ils croyaient être vraiment au paradis. Les dames et les jeunes filles comblaient tous les jours tous leurs désirs : les jeunes gens avaient ce qu'ils désiraient avoir, et jamais ils ne voulaient en sortir de leur plein gré. Le Vieux dont je parle tenait une cour très grande et très belle et faisait croire à ces naïfs qui l'entouraient qu'il était un grand prophète. Et tous le croyaient. Quand il voulait envoyer quelque part un de ses assassins, il faisait boire du breuvage à l'un d'eux et le faisait porter dans son palais. Quand il se réveillait, il s'apercevait qu'il se trouvait hors du paradis, dans ce château, à son grand étonnement et à son grand regret. Le Vieux faisait ainsi venir les jeunes gens et ils se prosternaient devant lui, en hommes qui pensaient qu'il était un grand prophète. Quand il leur demandait d'où ils venaient, ils répondaient qu'ils venaient du paradis et qu'il était bien tel que Mahomet le décrit dans leur religion. Ceux qui les écoutaient et qui n'en avaient rien vu étaient très désireux de s'y rendre.

Quand le Vieux voulait faire tuer quelqu'un, il leur disait :

« Allez, tuez cette personne, et quand vous serez de retour, je vous ferai porter par des anges au paradis. Et si vous mourez, je demanderai à mes anges de vous y ramener. »

Il les persuadait si bien qu'ils exécutaient ses ordres, à cause de leur grand désir de retourner au paradis. C'est ainsi qu'il faisait tuer tous ceux qu'il leur désignait. À cause de la peur qu'il inspirait aux seigneurs, ceux-ci lui payaient un tribut pour être en paix et en bonne amitié avec lui.

CHAPITRE 42
La mise à mort du Vieux.

De fait, en 1262, Hulegu, seigneur des Tartares de l'Est, qui entendit parler de ces grands méfaits, songea à le faire disparaître. Il choisit un de ses barons, l'envoya autour du château avec une grande armée. Ils l'assiégèrent pendant trois ans, car ils ne pouvaient le prendre tant il était fortifié. Si les assiégés avaient eu de quoi manger, jamais ils ne l'auraient pris. Après trois ans, la nourriture leur manqua, le Vieux et tous ses hommes furent pris et tués. Leurs méfaits si nombreux s'arrêtèrent là. Arrêtons sur ce sujet et poursuivons notre propos.

[Le narrateur décrit Shibargan, Balkh et les montagnes de sel.]

CHAPITRES 40 À 42

SITUER

Le récit s'arrête sur un personnage légendaire, le Vieux de la Montagne, maître des Assassins.

RÉFLÉCHIR

STRUCTURE : un récit autonome
1. Quelles sont les étapes de ce récit ?
2. Quelle phrase indique le caractère dangereux du Vieux et annonce la suite des chapitres ?
3. Pourquoi le chapitre 42 est-il aussi bref ?

GENRES : fiction ou vérité ?
4. Quelle est la source d'information du narrateur* ? Peut-on parler d'un récit véridique ?
5. Quel temps est employé aux chapitres 40 et 41 ? Pourquoi ?
6. Quels sont les éléments décrits dans ce passage, et dans quel ordre ?

PERSONNAGES : le Vieux de la Montagne et ses Assassins
7. Quel effet produit le nom du personnage, le Vieux de la Montagne ?
8. Qu'est-ce qui caractérise les Assassins ? Recherchez l'origine étymologique de ce mot.
9. Quel est le pouvoir du Vieux de la Montagne ?

ESPACE ET TEMPS : le paradis
10. Relevez les expressions qui désignent la frontière entre l'espace du jardin et l'extérieur. Pourquoi le narrateur insiste-t-il sur ce point ?

THÈMES : la religion et la merveille
11. De quoi est constitué le paradis du Vieux de la Montagne ?
12. En quoi ce récit s'écarte-t-il de la vision musulmane du paradis ? Pourquoi le Vieux de la Montagne cite-t-il le nom de Mahomet ?

ÉCRIRE

13. Racontez le réveil du jeune homme une fois sorti du paradis du Vieux de la Montagne.

FAIRE LE POINT — VERS LE PAYS DES TARTARES

La description du monde commence par une évocation des pays du Proche-Orient, agrémentée de récits légendaires d'origine orientale.

STRUCTURE : de la morale avant toute chose

Entre les chapitres consacrés à l'évocation des lieux traversés (chapitres 24, 25-28, 30-31, 40-42), le narrateur* fait plusieurs récits édifiants.

1. Comparez les débuts de ces quatre récits : en quoi marquent-ils une rupture par rapport à la description géographique ?

2. Comparez les fins de ces quatre récits : quelles sont leurs ressemblances et leurs différences ?

PERSONNAGES : des Rois mages aux califes

Les personnages des récits renvoient à la culture médiévale, qu'elle soit orientale ou chrétienne. Le narrateur joue sur leur aura légendaire.

3. Quels personnages sont décrits dans les quatre récits ? Pourquoi ?

4. Classez les personnages selon l'époque et le lieu où ils vivent. Quelle conclusion en tirez-vous ?

STRATÉGIES : chrétien ou musulman

Les descriptions de l'Orient s'inscrivent au Moyen Âge dans le contexte des croisades. Il s'agit avant tout de convertir les « infidèles » (à la religion chrétienne). Le livre de Marco Polo n'échappe pas à cet enjeu.

5. Classez les personnages selon les critères positifs ou négatifs indiqués par le narrateur. Quels groupes sont opposés ?

6. Quelles sont les valeurs morales mises en relief dans ces récits ?

THÈMES : la religion

L'ensemble de ces récits est imprégné d'une culture religieuse empruntée aux textes de la Bible et du Coran. Voyager en Orient est aussi un retour aux textes sacrés, dont les pays du Proche-Orient sont l'illustration concrète.

7. Relevez les passages où les textes sacrés, chrétiens ou musulmans, sont évoqués par le narrateur. En quoi est-ce révélateur de la situation religieuse dans le Proche-Orient médiéval ?

8. Vous chercherez dans le dictionnaire le sens des termes suivants : tolérance, œcuménisme, orthodoxie, paganisme, fanatisme. Dans quelle mesure peuvent-ils être employés à propos de ces quatre récits ?

L'Entrée dans la Mongolie

Chapitre 46
Description du pays de Badakhstan où on adore Mahomet.

Le Badakhstan est un pays dont les habitants adorent Mahomet. Ils ont une langue à eux et c'est un très grand royaume, où la monarchie est héréditaire. Tous ceux qui sont de cette famille royale sont des descendants d'Alexandre et de la fille du roi Darius, qui était seigneur du grand royaume de Perse[1]. Tous ces rois s'appellent en arabe Zoulcarnaï, ce qui veut dire en français « Alexandre », et ceci à cause de leur attachement au grand roi Alexandre. C'est de cette terre que viennent les rubis balais[2], qui sont de très bonnes pierres précieuses de grande valeur. On les trouve dans les roches de leurs montagnes, car les habitants creusent profondément sous terre et font de grandes cavernes, comme ceux qui creusent les mines d'argent, mais dans une seule montagne que l'on appelle Shikinnan. Le roi fait creuser ses sujets pour lui, et personne d'autre ne pourrait le faire pour son propre compte sans être mis à mort aussitôt : la seule peine est de perdre à la fois sa tête et sa fortune. Nul ne peut emporter les rubis hors du royaume. Le roi les amasse tous et les envoie aux autres rois auxquels il lui faut payer un tribut. À d'autres, il les donne par amitié. Il fait vendre pour de l'or et de l'argent ceux qu'il veut. Il agit ainsi pour que ses rubis balais soient chers

---

1. Alexandre le Grand, roi de Macédoine, a en fait épousé Roxane, fille d'un prince bactrien (de Bactriane, dans l'actuel Turkestan), mais la tradition romanesque en a fait la fille de Darius, roi perse qu'Alexandre a vaincu.
2. **Rubis balais** : rubis de couleur rouge ou rose violacé.

et de grande valeur, car si chacun les extrayait, on en trouverait tant que tout l'univers en serait plein et ils n'auraient plus aucune valeur.

Il y a dans ce même pays une autre montagne où l'on trouve le lapis-lazuli[1] le plus fin du monde. On trouve aussi une veine[2] d'argent. Il y a encore d'autres montagnes et des mines d'argent en si grande quantité que cette province est très riche. C'est aussi un pays très froid. Il en vient aussi, sachez-le, de fort bons chevaux qui courent extraordinairement vite, sans fers aux sabots, et qui permettent de traverser les montagnes et les mauvais chemins. De ces montagnes proviennent aussi des faucons sacres[3], qui sont fort bons et volent bien. Il y a là beaucoup d'oiseaux et de faucons laniers[4] ainsi que du gibier. Les habitants ont un bon blé et de l'orge sans son ; ils n'ont point d'huile d'olive, mais beaucoup d'huile de sésame et de noix. Dans ce royaume, il y a plusieurs mauvais défilés[5], si difficiles qu'ils n'ont peur de personne, et leurs cités et leurs villages sont dans de hautes montagnes et des endroits bien fortifiés. Ils ont de bons archers et de bons chasseurs. Beaucoup d'entre eux sont vêtus de peaux de bêtes, car les tissus sont rares et les grandes dames et les nobles portent les vêtements comme je vais vous le dire : ils portent des culottes, faites de toile de coton et ils y mettent bien cent brasses[6], ou moins. Ils le font pour montrer qu'ils ont de grosses fesses, car

---

1. **Lapis-lazuli :** pierre précieuse bleu azur ou bleu outremer.
2. **Veine :** couche de minerai dans la terre.
3. **Faucon sacre :** type de faucon, plus grand que le faucon pèlerin, également apprécié pour la chasse.
4. **Faucon lanier :** faucon semblable au faucon pèlerin, mais au plumage plus clair et beaucoup moins apprécié pour la chasse.
5. **Défilés :** passage naturel escarpé et étroit.
6. **Cent brasses :** environ cent soixante mètres. La brasse est une mesure ancienne qui équivaut à la longueur de deux bras.

c'est le goût de ces hommes. Nous vous avons raconté tout ce qui concerne ce royaume et nous vous parlerons d'un peuple différent qui est vers le sud, à une distance de dix jours de voyage de cette région.

[Suit la description de Nouristan, du Cachemire, du fleuve de Badakhstan, du royaume de Kachgar, de Samarkand, de Yarkand, de Khotan, de Yutian et de Tchertchen.]

CHAPITRE 56
Description de la ville de Lop.

Lop est une grande cité qui se trouve à l'entrée du lieu appelé désert de Gobi. Elle est à l'est-nord-est et appartient au Grand Khan. Les gens de ce pays adorent Mahomet. Et je vous dis que ceux qui veulent traverser ce désert se reposent dans cette ville une semaine pour se rafraîchir, eux et leurs bêtes. Puis ils se préparent, emportent des vivres pour un mois et quittent la ville pour entrer dans le désert. Il est si étendu, à ce que l'on dit, qu'en un an on ne pourrait le traverser à cheval d'un bout à l'autre. Là où il est le moins large, on y met un mois. Il y a des monts et des vallées de sable et on n'y trouve rien à manger. Mais quand on a chevauché un jour et une nuit, on trouve assez d'eau douce pour cinquante ou cent personnes et leurs bêtes, mais pas plus.

Dans tout ce désert on trouve de l'eau : on rencontre dans ce passage vingt-huit points d'eau douce, mais en petite quantité. Il n'y a aucune bête ni aucun oiseau, car ils ne trouveraient rien à manger, mais on y rencontre le phénomène surprenant que je vais vous raconter. Quand on chevauche de nuit dans ce désert, s'il arrive que quelqu'un s'arrête et s'écarte de ses compagnons, pour dormir ou pour une autre raison, et qu'il veut revenir et retrouver le groupe, il entend parler un esprit qui paraît être un de ses compagnons et qui l'appelle parfois par son nom. Souvent les esprits égarent les gens au point qu'ils se perdent. Beaucoup en sont morts. Et même de jour, je vous le dis, ces esprits parlent et on entend parfois retentir beaucoup d'instruments, et surtout des tambours. Ainsi on s'expose à de grands périls en traversant ce désert, comme vous l'avez entendu. Mais nous cesserons de parler de ce lieu et nous vous raconterons les pays que l'on trouve à la sortie de ce grand désert de Gobi.

[Les provinces de Tangout et de Hami sont ensuite décrites.]

CHAPITRE 59
Description du Ghinghin Talas.

Le Ghinghin Talas est un pays qui est à l'extrémité du désert, au nord-nord-ouest. Il faut seize jours pour le traverser et il appartient au Grand Khan. On y trouve beaucoup de villes et de villages. Trois sortes de gens y vivent : des idolâtres, des musulmans et quelques chrétiens nestoriens. Aux confins de ce pays, vers le nord, il y a une montagne qui a un très bon minerai d'acier et d'andanique[1]. Sachez que, dans cette montagne, on trouve un minerai avec lequel on fait la salamandre. Sachez assurément que la salamandre n'est pas une bête, comme on le dit dans notre pays[2]. Il faut que chacun sache que par nature il n'y a ni bête

---

1. **Andanique** : minerai considéré comme très solide.
2. En réalité, la salamandre est un petit batracien noir et jaune, que l'on croyait capable de vivre dans le feu au Moyen Âge.

ni animal capables de vivre dans le feu, parce que chaque animal est fait des quatre éléments[1]. Or messire Marco Polo avait un compagnon qui s'appelait Soulficar et qui était très savant. Ce Turc raconta à messire Marco Polo comment il était resté dans ce pays trois ans au service du Grand Khan pour extraire des salamandres pour le compte de ce seigneur. Selon lui, en faisant creuser ces montagnes, on trouve une veine[2] ; on la prend et on la broie ; on y recueille à l'intérieur une sorte de fil de laine que l'on met à sécher. Quand il est sec, on le met dans de grands mortiers de fer, puis on le lave, on le file et on en fait des toiles. Quand elles sont terminées, elles ne sont pas très blanches ; on les met dans le feu et, lorsqu'on les retire, elles sont blanches comme neige. Dès qu'elles deviennent sales, on les remet dans le feu et elles redeviennent blanches. Voilà la vérité sur la salamandre et il n'en est pas autrement. Et les habitants de la contrée eux-mêmes le racontaient ainsi : qui dirait autrement ne ferait qu'invention et mensonge. Sachez qu'à Rome il y a une de ces toiles que le Grand Khan a envoyée au pape de Rome, un très beau présent, pour y mettre le Saint Suaire[3] de Jésus-Christ. Nous cesserons maintenant de parler de cette province et nous vous parlerons des autres qui se trouvent à l'est-nord-est, c'est-à-dire du pays appelé Succur.

[Après la description de plusieurs régions (Suzhou, Ganzhou, Ejinaqui), les voyageurs traversent le désert et arrivent à Karakoroum.]

---

1. Au Moyen Âge, on considérait que la matière était composée de quatre éléments : la terre, l'eau, l'air et le feu.
2. **Veine :** couche de minerai dans la terre.
3. **Saint Suaire :** linceul qui servit à ensevelir le Christ.

CHAPITRES 46 À 59

SITUER

Les deux frères et Marco Polo s'enfoncent vers l'est et découvrent des paysages et des villes qui leur paraissent étranges.

RÉFLÉCHIR

STRUCTURE : voyager et décrire

1. Situez sur une carte les différents pays traversés.

2. Relevez les indices spatio-temporels*. Comment est marquée la progression dans l'espace ?

3. Dans l'Introduction, le narrateur précise qu'il racontera « entièrement et avec ordre » (p. 24, l. 5-6). Le chapitre 57 vous paraît-il correspondre à cette affirmation ?

GENRES : décrire l'Orient

4. Dans le chapitre 56, qu'est-ce qui prouve qu'il s'agit d'un désert ?

5. Relevez les lieux décrits dans les différents chapitres et classez-les. À quel type de description géographique a-t-on affaire ?

6. Quel est l'intérêt des trois pays décrits ?

THÈMES : merveille* et rationnel

7. Relevez le champ lexical* du luxe dans le chapitre 46.

8. Qu'est-ce qui relève de l'extraordinaire dans les descriptions En quoi est-ce révélateur d'une civilisation orientale ?

9. Faites une recherche documentaire sur la salamandre. Comparez le résultat de vos recherches avec la description qu'en fait Marco Polo. Est-elle fidèle à la réalité ?

ÉCRIRE

10. Un des marchands qui accompagne les frères Polo voit un mirage dans le désert de Gobi. Racontez.

CHAPITRE 64
Gengis Khan devient le premier Khan des Tartares.

Or il arriva qu'en 1187, les Tartares élirent un nouveau roi qui s'appelait dans leur langue Gengis Khan. C'était un homme de grande valeur, de grande intelligence et de grand courage. J'ajoute que, après son élection, tous les Tartares du monde vinrent le trouver quand ils surent la nouvelle et le considérèrent comme leur seigneur. Il les gouverna très bien. Que vous dirais-je ? Il est venu tant de Tartares que c'était extraordinaire. Quand le seigneur vit tant de monde, il fit rassembler une grande quantité d'armes, arcs, flèches et autres armes de leur façon, et conquit tout ce pays, soit huit régions. Une fois cette conquête terminée, il ne fit aucun mal aux habitants et ne toucha pas à leurs biens, mais il laissa une partie de ses hommes et emmena le reste de ses gens : voilà comment il s'empara de beaucoup de régions. Quand les vaincus voyaient qu'il les sauvait et les protégeait si bien contre tous et qu'ils n'avaient subi aucun dommage de lui dans sa grande générosité, ils allaient volontiers avec lui et lui étaient loyaux.

Une fois rassemblée une si grande quantité de gens que toute la terre en était couverte, il décida de conquérir une grande partie de l'univers et envoya ses ambassadeurs au Prêtre Jean[1]. Ce fut en 1200, et il lui fit dire qu'il voulait avoir sa fille comme femme. Quand le Prêtre Jean entendit que Gengis Khan lui demandait sa fille en mariage, il le prit avec beaucoup de hauteur et dit aux ambassadeurs :

« N'a-t-il pas honte de demander ma fille pour

---

1. **Le Prêtre Jean** : voir « Marco Polo et *Le Livre des merveilles* », p. 15.

femme ? Il sait bien qu'il est mon vassal[1] et mon serf[2]. Rentrez chez vous et dites-lui que je ferai brûler ma fille plutôt que de la lui donner pour femme, et qu'il faut que je le mette à mort pour sa traîtrise et sa déloyauté envers son seigneur. »

Puis il dit aux ambassadeurs de ne plus jamais se présenter devant lui. Ils partirent et chevauchèrent jusque devant leur seigneur, et ils lui racontèrent tout ce que le Prêtre Jean leur avait dit, sans rien omettre.

CHAPITRE 65
Gengis Khan fit convoquer ses gens pour marcher contre le Prêtre Jean.

Quand Gengis Khan entendit la réponse injurieuse que le Prêtre Jean lui faisait parvenir, il en eut le cœur si gonflé de fureur qu'il faillit lui éclater dans la poitrine, car c'était un homme de grand pouvoir. Au bout d'un moment, il parla à voix si haute que tous ceux qui l'entouraient l'entendirent : il ne serait plus leur seigneur s'il n'obtenait pas réparation de la grande injure que le Prêtre Jean lui avait faite, et il lui ferait payer plus cher que jamais aucun autre. Il allait bientôt lui montrer s'il était son serf.

[Gengis Khan livre bataille contre le Prêtre Jean et l'emporte sur lui. Après de nombreuses conquêtes et un règne de six ans, il meurt à la suite d'une blessure au genou.]

---

1. **Vassal :** homme qui prête hommage à un seigneur et reçoit de lui protection et entretien en échange de sa loyauté, de son aide et de ses services.
2. **Serf :** homme non libre qui appartient à un seigneur.

Chapitre 68
Les successeurs de Gengis Khan et leurs coutumes.

Sachez qu'après Gengis Khan, leur seigneur, régna Guyuk Khan. Le troisième, ce fut Batou Khan, le quatrième Hulegu, le cinquième Mongka Khan. Le sixième est Khoubilaï, qui est le plus grand et le plus puissant des six, et si les cinq autres avaient été ensemble, ils auraient eu autant de pouvoir que lui. J'ajoute que si tous les chrétiens du monde, empereurs et rois, avaient été ensemble et les musulmans aussi, ils n'auraient pas eu le pouvoir du grand Khoubilaï, le Grand Khan, lui qui est le seigneur de tous les Tartares du monde, de ceux de l'Est et de l'Ouest. Car tous sont ses hommes et ses sujets et je vous montrerai son grand pouvoir clairement dans ce livre.

Tous les Grands Khans et tous les descendants de leur premier seigneur Gengis Khan, sachez-le, sont ensevelis dans une grande montagne nommée Altaï. On apporte le seigneur de l'endroit où il est mort pour l'y ensevelir avec les autres. Je vais vous raconter une grande merveille : quand on porte le corps pour l'enterrement, tous ceux que l'on rencontre en chemin sont mis à mort par les convoyeurs[1], qui disent : « Allez servir votre seigneur dans l'autre monde ! » Car ils pensent réellement que tous ceux qu'ils tuent serviront leur seigneur dans l'autre monde. Et ils font de même pour leurs chevaux car, quand leur seigneur meurt, ils tuent les meilleurs pour qu'il en dispose dans l'autre monde, conformément à leur croyance. Je vous dis que, quand Mongka Khan mourut, plus de

---
1. **Convoyeurs** : hommes qui mènent un cortège, en particulier pour un enterrement.

neuf mille personnes furent tuées sur le chemin de son convoi, comme je vous l'ai dit.

Maintenant, puisque nous avons commencé à parler des Tartares, je vais vous en dire davantage. L'hiver, les Tartares demeurent dans la plaine et dans des lieux chauds où il y a des herbages et des pâturages pour leurs bêtes, et l'été dans des lieux froids dans les montagnes et les vallées où ils trouvent de l'eau et des bois. Ils ont des maisons rondes, faites de perches avec des toits de corde qu'ils emportent avec eux là où ils vont, car ils lient ces cordes si méthodiquement qu'ils peuvent les transporter très facilement. Chaque fois qu'ils montent leurs maisons, ils tournent la porte vers le sud. Ils ont des charrettes couvertes de feutre noir, si bien qu'aucune pluie ne peut passer à travers, et ils les font tirer par des chevaux et des chameaux. Leurs femmes et leurs enfants voyagent sur ces charrettes. Les dames achètent, vendent et font tout ce qui est nécessaire à leurs maris et à elles-mêmes, car les hommes ne font rien, si ce n'est chasser avec des faucons et des autours ou combattre comme des hommes nobles. Ils vivent de viande, de lait et de fromage et mangent toutes sortes de viandes : chevaux, chiens, rats, marmottes. On en trouve en effet beaucoup dans les plaines et sous terre. Ils boivent du lait de jument[1].

Chacun se garde de toucher à la femme de l'autre, car ils considèrent cet acte comme coupable et honteux. Les dames sont bonnes et fidèles à leurs maris et font très bien tout leur travail. Voilà comment ils se marient : un homme peut avoir cent femmes s'il a de quoi les entretenir, mais il doit donner un douaire[2] au père et à la mère de la femme. Mais ils considèrent leur

---

1. **Lait de jument :** il s'agit de *koumis*, c'est-à-dire de lait de jument fermenté.
2. **Douaire :** biens assurés par le mari.

première femme comme la meilleure et la plus fidèle. Ils ont plus de fils que les autres peuples parce qu'ils ont autant de femmes que je vous l'ai dit. Ils prennent leur cousine comme épouse et, si leur père meurt, ils épousent la femme de leur père, pourvu qu'elle n'ait pas été leur mère. Et l'aîné des fils agit ainsi, mais pas les autres ; il peut aussi épouser la femme de son frère quand il meurt. Quand ils se marient, ils font de très grandes noces et de grandes réunions.

CHAPITRE 69
Le dieu des Tartares.

Telle est leur religion, sachez-le : ils ont un dieu à eux, qu'ils appellent Oetoegen, qui est un dieu de la terre qui garde leurs femmes, leurs enfants, leurs bêtes et leurs moissons. Et ils lui font beaucoup de marques honorifiques et de cérémonies, car chacun a ce dieu dans sa maison : il est fait de feutre et de tissu et est accompagné de sa femme et de ses enfants. On met son épouse à sa gauche et ses enfants sont faits comme lui. Quand on mange, on prend de la viande grasse et on lui en enduit la bouche, ainsi qu'à sa femme et à ses enfants. Puis on prend de la sauce et on la répand dehors, sur le seuil de la maison, en disant que le dieu et sa famille ont eu leur part de nourriture. Les Tartares boivent du lait de jument, à la place du vin blanc ; ils l'appellent *koumis*. Leurs habits sont pour la plupart faits d'étoffes d'or et de soie ornées de riches fourrures : zibeline, hermine, écureuil et renard magnifique. Tous leurs harnais sont très beaux et de grande valeur. Leur armement est composé d'arcs, de flèches, d'épées et de haches. Ils se servent plutôt des arcs, car ils sont très bons archers, les meilleurs que l'on connaisse au monde. Dans leur dos, ils portent des armures de cuir de buffle bouilli qui sont excellentes.

Les Tartares sont d'excellents guerriers, très vaillants dans les batailles, et plus endurants que bien d'autres peuples. Souvent, quand ils en ont besoin, ils se déplacent un mois sans emporter de nourriture et vivent de lait de jument et de viandes d'animaux qu'ils ont chassés avec leurs arcs. Leurs chevaux broutant l'herbe des champs, il leur est inutile d'emporter de l'orge et de l'avoine. Ils sont très obéissants à leur seigneur. Quand c'est nécessaire, ils demeurent toute une nuit à cheval avec leurs armes, et leurs chevaux continuent à brouter. Ce sont les gens au monde qui supportent le mieux de grandes souffrances, qui dépensent le moins et qui sont les mieux constitués pour conquérir les terres et les royaumes. C'est une évidence, vous l'avez entendu et l'entendrez par ce livre, puisque de serfs qu'ils étaient, ils sont aujourd'hui les maîtres du monde.

Les Tartares sont parfaitement organisés, comme je vais vous l'expliquer. Sachez que, quand un seigneur tartare va en guerre, il emmène avec lui cent mille hommes à cheval ; il donne un chef à chaque dizaine, à chaque centaine et à chaque millier, si bien qu'il n'a à commander qu'à dix hommes, ces dix hommes à dix autres et chacun n'a affaire qu'à dix hommes. Ainsi chacun obéit si bien à son chef que c'en est une merveille, car ils sont tous au service de leur seigneur. On appelle cent mille hommes un *tough*, dix mille un *tumen*, un millier un *miny*, une centaine un *gus* et une dizaine un *un*. Quand les

armées avancent, deux cents bons cavaliers partent en
avant pour faire le guet. Il y en a autant derrière et sur les côtés, car ils font toujours le guet sur les quatre côtés, afin que l'armée ne soit pas attaquée.

Quand l'armée part pour une longue campagne, les guerriers ne portent aucun équipement sauf, pour chacun, deux gourdes de cuir remplies du lait qu'ils boivent, une petite marmite en terre pour cuire les viandes qu'ils mangent et une petite tente pour être à l'abri de la pluie. Quand ils en ont besoin, ils peuvent chevaucher dix jours sans nourriture et sans faire de feu, mais ils vivent du sang de leurs chevaux : ils choisissent une veine, font saigner le cheval, mettent la bouche dessus et boivent jusqu'à ce qu'ils soient rassasiés, puis ils la bouchent. Ils ont aussi du lait séché, qui ressemble à une pâte et qu'ils emportent avec eux. Quand ils veulent manger, ils le mettent dans l'eau et le battent jusqu'à ce qu'il soit trempé, puis ils l'avalent.

Quand ils viennent combattre leurs ennemis, ils triomphent d'eux ainsi : ils n'ont pas honte de fuir. En fuyant, ils se retournent, décochent des flèches avec adresse à leurs ennemis, leur faisant beaucoup de dégâts. Ils ont si bien dressé leurs chevaux qu'ils les font se tourner de tous les côtés, et ils combattent aussi bien en fuyant que face à face : en fuyant et en courant, ils tirent des flèches en grande quantité, le dos tourné à ceux qui les poursuivent et qui s'imaginent avoir gagné la bataille. Quand ils voient qu'ils ont tué bêtes et hommes, les Tartares reviennent à la bataille tous ensemble en si bon ordre et en faisant tant de bruit qu'ils les mettent aussitôt en déroute, car ils sont très valeureux et très endurcis. Quand leurs ennemis s'imaginent avoir gagné parce qu'ils les voient fuir, ils ont tout perdu, car les Tartares font demi-tour. De cette manière ils ont gagné beaucoup de grandes batailles.

Tout ce que je vous ai raconté, ce sont les usages et les coutumes des Tartares de pure souche. Mais je dois dire qu'aujourd'hui ils sont bien abâtardis : ceux qui vivent en Chine se conforment aux usages des idolâtres et ont abandonné les leurs, et ceux qui vivent à l'est se conforment à ceux des musulmans. Ils exercent ainsi leur justice : quand un voleur fait un petit larcin, on lui donne la bastonnade : sept, dix-sept, vingt-sept, trente-sept ou quarante-sept coups, jusqu'à cent sept selon le délit accompli. Beaucoup meurent de ces coups de bâton. Si le voleur s'empare d'un cheval ou d'une chose vitale, il est tranché en deux par une épée. Mais il est vrai que s'il peut payer huit fois la valeur de l'objet volé, il en réchappe. Chaque seigneur qui a des bêtes les fait marquer d'un signe, qu'il s'agisse de chevaux, de juments, de chameaux, de bœufs, de vaches ou d'autres gros animaux domestiques, puis les laisse paître librement dans les plaines. Les bêtes se mélangent entre elles, mais elles sont rendues à chaque seigneur d'après leur marque, qui est connue. Le petit bétail est très nombreux et extrêmement gras et on le fait garder par des bergers.

Ils ont encore un usage : si quelqu'un a une fille et qu'elle meure avant d'être mariée, et si quelqu'un a eu un fils qui est mort avant son mariage, leurs pères et leurs mères font de grandes noces pour les deux morts, les marient et établissent le contrat. Quand le contrat est fait, ils le font brûler afin que le couple puisse le retrouver dans l'autre monde et continuer à se considérer comme mari et femme, comme s'ils étaient vivants. Tous les douaires[1] sur lesquels les deux familles se mettent d'accord sont inscrits sur le contrat, sans pour autant qu'elles se les donnent, afin que le couple mort en dispose dans l'autre monde. Je vous ai montré et dit tous les us et coutumes des Tartares, mais je ne vous ai pas parlé du Grand Khan, qui est seigneur de tous les Tartares, ni de sa cour impériale. Mais je vous le raconterai dans ce livre en temps et en lieu, quand ce sera nécessaire, car il y a bien des faits extraordinaires à mettre par écrit. Mais désormais, je veux revenir à ce que je disais sur la plaine, quand je commençai à parler des Tartares.

[Les pays à l'est sont décrits : la plaine de Bargouzin, le royaume de Liangzhou, de Nongxia et de Tenduc.]

---

1. **Douaires :** biens assurés par le mari.

SITUER

Le narrateur* évoque la personne légendaire du Prêtre Jean, qui s'oppose à Gengis Khan. C'est l'occasion de faire le portrait de ce dernier et de donner une première image des Tartares.

RÉFLÉCHIR

STRUCTURE : les origines des Tartares

1. Relevez les passages où est décrit Gengis Khan. En quoi sont-ils annonciateurs des succès des Tartares ?

2. Dans le chapitre 69, quels sont les premiers éléments décrits à propos des Tartares ? Quel ordre peut-on trouver au premier paragraphe ?

PERSONNAGES : l'épopée* de Gengis Khan

3. Faites une recherche documentaire sur Gengis Khan. Quels sont les éléments qui manquent dans le portrait qu'en fait le narrateur ?

4. En quoi Gengis Khan apparaît-il comme le fondateur d'une dynastie et de traditions tartares ? Que signifie le mot « Khan » ?

5. Quelles sont les qualités de Gengis Khan.

QUI PARLE ? QUI VOIT ? L'historien des Tartares

6. Relevez les phrases où intervient le narrateur* : quel rôle jouent-elles dans le récit ?

7. Relevez les phrases au discours direct* dans le chapitre 64. Pourquoi est-il employé ?

8. Dans les chapitres 68 et 69, relevez les adjectifs qui désignent les Tartares. En quoi leur portrait a-t-il évolué depuis le chapitre 63 ?

THÈMES : la guerre et la religion

9. Qu'est-ce qui fait la supériorité des Tartares dans le domaine de la guerre ? Comment le narrateur la met-il en évidence ?

10. Quelle est la religion des Tartares ? Quelle est l'opinion du narrateur sur les divinités et leurs images ?

ÉCRIRE

11. Gengis Khan, avant la bataille contre le Prêtre Jean, prononce un discours à ses troupes. Écrivez-le.

FAIRE LE POINT — L'ENTRÉE DANS LA MONGOLIE

C'est l'entrée dans la Mongolie qui marque le début de l'évocation des paysages et des mœurs des Tartares. La description géographique mêle rationnel et merveilleux et s'accompagne d'évocations historiques autour de Gengis Khan, figure fondatrice de l'épopée* de ce peuple.

GENRES : un tableau du pays tartare

Le Livre des merveilles n'est pas un simple récit de voyage*. Il est aussi l'œuvre d'un historien qui évoque de grands personnages comme Gengis Khan et analyse les mœurs des Tartares.

1. Classez les chapitres en fonction de leur intérêt : géographique, historique ou ethnologique.

2. Pourquoi alterner récit et description ? Quel effet est ainsi produit ?

QUI PARLE ? QUI VOIT ? Un tableau objectif ?

Ces chapitres présentent les Tartares, ainsi que le fondateur de leur dynastie et de leur épopée*, de manière très informative. Le narrateur* semble s'effacer ou rester neutre.

3. Pour quel chapitre une source d'information est-elle donnée ? Quelle garantie présente-t-elle ?

4. Relevez les passages où le verbe « savoir » est employé : pourquoi cette répétition ?

PERSONNAGES : être tartare et héros*

La figure héroïque de Gengis Khan domine l'ensemble de ces chapitres. Le peuple tartare est décrit collectivement dans ses activités les plus caractéristiques.

5. Qu'est-ce qui fait la grandeur de Gengis Khan ? Quelle est son activité essentielle ?

6. En quoi le peuple tartare est-il hors du commun ? Quel trait le rend légendaire ?

LE LIVRE DU GRAND KHAN

CHAPITRE 74
Chang-Tou.

Quand on a chevauché trois jours vers le nord-nord-est à partir de la cité dont je viens de vous parler[1], on arrive à une autre ville qui s'appelle Chang-Tou, et que le Grand Khan actuel a fait construire. Il y a là un très beau palais en marbre. Les chambres sont toutes très finement et très bien décorées d'or et ornées d'images, de représentations de bêtes et d'oiseaux, d'arbres et de fleurs et de plusieurs sortes de choses : c'est un plaisir et une merveille de les voir ! Autour de ce palais, il y a un mur qui entoure au moins seize milles[2] de terre où l'on trouve des fontaines, des fleuves, des rivières et beaucoup de belles prairies. Il y a toutes sortes de bêtes sauvages non féroces que le seigneur a fait enfermer et garder pour les donner à manger aux gerfauts et aux faucons qu'on tient en cage à l'intérieur : il y en a plus de deux cents, sans compter les faucons. Le Grand Khan lui-même va les voir chaque semaine, accompagné certaines fois d'un léopard juché sur la croupe de son cheval. Quand il voit une bête qui lui plaît, il laisse aller le léopard qui la prend et la donne à manger aux oiseaux ; et il agit ainsi pour son plaisir.

Il y a à l'intérieur un autre palais, lequel est fait de bambous, comme je vais vous l'expliquer. Il est tout doré à l'intérieur et travaillé très finement. Sur le toit, les bambous sont enduits d'une couche de vernis si épaisse qu'aucune eau ne peut les pourrir. Ces bambous ont

---

1. Il s'agit de la cité de Tchaghan-Nor.
2. Seize milles : environ 30 km (voir note 2, p. 44).

trois paumes de grosseur et font dix à quinze pas[1] de long, et ils sont coupés d'un nœud à l'autre en travers : le palais est fait de ces tuiles de bambou. Les bambous rendent beaucoup d'autres services, car on en couvre les maisons et on les utilise pour bien d'autres ouvrages. Le palais est fait de telle sorte qu'il se démonte et se remonte très vite, et on le met en morceaux pour l'emporter facilement là où le seigneur le demande. Quand il est monté, il est soutenu par plus de deux cents cordes. Le seigneur reste dans cette prairie, tantôt au palais de marbre, tantôt dans celui de bambou, trois mois par an, à savoir en juin, juillet et août, et il y séjourne durant ces trois mois parce qu'il y fait très frais. Et quand arrive le 28 août, il s'en va et je vous dirai pourquoi.

Sachez qu'il fait garder un très grand haras[2] de juments blanches sans aucune tache et qu'il y en a plus de dix mille. Lui et toute sa famille boivent le lait de ces juments, et personne d'autre, à part ceux d'une certaine grande famille. Le Grand Gengis Khan donna ce privilège à cette famille à cause d'une victoire qu'elle remporta avec lui autrefois, et cette famille s'appelle Oïrat. Quand ces juments paissent à travers le pays et qu'un grand seigneur les croise, il n'ose pas s'avancer sans avoir attendu qu'elles soient passées, ou il se détourne de son chemin et va d'un autre côté pendant une demi-journée ; et personne n'ose les approcher. On leur fait beaucoup de marques d'honneur. Quand le seigneur s'en va le 28 août, comme je vous l'ai dit, on prend tout le lait de ces juments blanches et on le jette par terre. Et on le fait parce que

---

1. Dix à quinze pas : environ 10 à 15 m. Le pas est une unité de mesure correspondant à la longueur d'un pas humain.
2. Haras : établissement où l'on entretient des juments et des étalons pour la naissance de poulains.

les astronomes et les idolâtres disent qu'il est bon que ce lait soit jeté chaque année le 28 août : l'air, la terre et les idoles peuvent ainsi en avoir leur part, ainsi que les esprits qui vont dans l'air et sur la terre. Ils peuvent ainsi sauver le seigneur, ses enfants, ses biens, tous ceux de son pays, le bétail, les chevaux, le blé, etc. Puis le seigneur s'en va.

Mais je vais vous raconter maintenant une merveille que j'avais oubliée. Quand le seigneur demeure dans ce lieu chaque année durant trois mois et qu'il fait mauvais temps, il a avec lui, sachez-le, des savants, magiciens et astronomes qui en savent tellement sur l'art diabolique de la magie qu'ils empêchent la formation des nuages et du mauvais temps sur toute la surface du palais du seigneur. Ces savants sont appelés Tibétains et Cachemiriens[1], car ils appartiennent à deux peuples différents et sont idolâtres. Ils ne font rien sans le diable, mais font croire aux autres qu'ils agissent grâce à leur sainteté et par l'œuvre de Dieu. Ils ont aussi l'usage que je vais vous dire : quand un homme est condamné à mort et qu'il est tué par le pouvoir seigneurial, on le prend et on le mange ; mais s'il meurt de sa bonne mort, on ne le mange pas.

Ces deux espèces de gens font aussi une autre grande merveille que je vais vous raconter. Quand le Grand Khan est installé dans son grand palais, dans sa capitale, qu'il est assis devant sa table qui est haute de plus de huit pieds, à dix pas de lui, au milieu de la salle, sont posées devant lui des coupes remplies de vin, de lait ou d'autres bonnes boissons faites avec des épices, selon leur coutume. Quand le seigneur veut boire, les enchanteurs dont je vous ai parlé usent de leurs

---

1. **Tibétains et Cachemiriens** : il s'agit des lamas du Tibet et du Cachemire, réputés pour leur art de la magie.

sortilèges pour faire lever et venir les coupes à lui sans que personne n'y touche. Tous ceux qui sont présents, plus de dix mille en tout, peuvent le voir, j'affirme que c'est vrai, et les savants de notre pays qui connaissent la magie vous diront bien que c'est possible.

Quand c'est la date des fêtes de leurs idoles, ces enchanteurs s'en vont vers le seigneur et lui disent : « Seigneur, voici qu'arrive la fête de telle idole », et ils la nomment. « Monseigneur, disent-ils, vous savez que cette idole a l'habitude de faire le mauvais temps et beaucoup de dommages quand elle n'a pas d'offrandes, si bien que nous vous demandons de lui faire donner tant de moutons à tête noire », et ils disent la quantité qu'ils veulent, « et nous voulons, seigneur, que vous nous fassiez avoir tant d'encens, et de bois d'aloès[1] », et tant d'autres choses comme il leur semble bon, « pour que nous puissions rendre de grands honneurs et faire de grands sacrifices à nos idoles si bien qu'elles puissent nous sauver nous et tous nos biens ». Et le seigneur demande aux fonctionnaires qui l'entourent que tout soit fait comme ils le veulent. Quand ils ont obtenu ce qu'ils demandaient, ils font une très grande fête en l'honneur de leur idole et lui rendent tous les honneurs en entonnant de nombreux chants, en allumant de grandes lumières, en brûlant une abondance d'encens et d'autres parfums qu'ils obtiennent avec toutes sortes d'épices. Puis ils font cuire la viande, la mettent devant l'idole et répandent du jus çà et là, en disant à l'idole de prendre ce qu'elle veut. Ainsi se déroule leur fête. Sachez que chacune de leurs idoles a son nom et son jour de fête dans l'année, comme nous avec nos saints.

---

1. **Aloès** : plante grasse des régions chaudes, au suc amer.

Ils ont de grandes abbayes et églises qui sont grandes comme une petite ville et où il y a plus de deux mille moines, selon leurs coutumes. Ceux-ci s'habillent plus décemment que les autres, car ils portent la barbe et ont le crâne rasé. Parmi eux, certains peuvent prendre une épouse et avoir beaucoup d'enfants. Ils ont une autre sorte de religieux qu'ils appellent *sien-chien*[1], qui sont des hommes très abstinents, selon leurs coutumes, qui mènent une vie très rude comme vous allez le voir. En effet, ils ne se nourrissent pendant toute leur vie que de son qu'ils trempent dans de l'eau chaude avant de le manger, et jamais ils ne prennent d'autre nourriture que celle-là. Ils boivent de l'eau et jeûnent tant que leur vie est excessivement dure. Ils ont de grandes idoles en grand nombre, et certains adorent le feu. Les autres idolâtres qui ne suivent pas la même règle disent qu'ils sont comme des patarins[2], parce qu'ils n'adorent pas les idoles comme eux : les *sien-chien* ne prendraient pour rien au monde une épouse. Ils s'habillent avec des vêtement noirs et blancs, dorment sur des nattes et mènent une vie si rude que c'en est surprenant. Les idoles sont toutes des femmes et leurs noms sont tous féminins. Nous nous arrêterons maintenant de parler de ce sujet et nous allons vous raconter les grands faits et les prodiges du grand seigneur des seigneurs, c'est-à-dire le Grand Khan, qui est seigneur de tous les Tartares et qui se nomme Khoubilaï, très illustre et puissant seigneur.

[Ici commence l'histoire du Grand Khan, sa prise de pouvoir et en particulier sa lutte contre son oncle Naïan.]

---

1. *Sien-chien* : religieux taoïstes.
2. Patarins : hérétiques italiens, à l'origine partisans d'une réforme de l'Église empêchant le mariage et le concubinage des prêtres, qui sont alors pratiqués.

Chapitre 81
Portrait du Grand Khan.

Voici l'apparence du Grand Khan, seigneur des seigneurs, appelé Khoubilaï : il est de belle stature, ni petit ni grand, mais de moyenne taille. Il est bien en chair et bien fait ; il a le visage blanc et rose, les yeux noirs, le nez bien fait et bien planté. Il a quatre femmes qu'il considère toutes comme ses épouses légitimes. L'aîné des fils qu'il a eus de ces quatre femmes est destiné à devenir, à juste titre, seigneur de l'empire à la mort de son père. Ces femmes sont appelées impératrices, mais chacune a également un autre nom. Chacune de ces quatre dames a une très belle cour personnelle, car toutes ont trois cents suivantes, belles et agréables, et aussi beaucoup d'écuyers et beaucoup d'autres hommes et femmes, si bien que chacune a une cour de mille personnes. Chaque fois que le seigneur veut coucher avec l'une d'elles, il la fait venir dans sa chambre ou va quelquefois dans la sienne. Il a aussi beaucoup de concubines et je vous en parlerai. Il y a une race de Tartares qui est appelée Qongirrat : c'est un fort beau peuple, et chaque année sont amenées cent jeunes filles de cette race auprès du Grand Khan. Il les fait garder par des dames âgées qui demeurent dans son palais et les fait dormir avec elles dans un lit pour savoir si elles ont une bonne haleine et si elles sont vierges et parfaitement saines. Celles qui sont bonnes, belles et parfaitement saines sont mises au service du seigneur : trois jours et trois nuits, six de ces jeunes filles doivent le servir dans sa chambre et dans son lit ; pour tout ce qui est nécessaire, il use d'elles selon son désir. Au bout de ces trois jours et de ces trois nuits, elles s'en vont et six autres prennent leur place. Il en est ainsi pendant toute l'année : tous les trois jours et trois nuits, les jeunes filles sont changées six par six. *[Sa succession est ensuite évoquée.]*

Chapitre 83
Le palais du Grand Khan.

Sachez que le Grand Khan demeure trois mois par an dans la capitale de la Chine, nommée Pékin, c'est-à-dire en décembre, janvier, février. Dans cette ville il y a un grand palais, et je vais vous le décrire. Il y a avant tout une grande muraille, qui fait un mille de chaque côté, c'est-à-dire qu'elle fait quatre milles, et qui est très épaisse puisqu'elle fait bien dix pas de haut. Elle est toute blanche et a des créneaux sur toute sa longueur. À chaque coin de cette muraille, il y a un grand palais, très beau, où se trouve l'armement du seigneur, c'est-à-dire des arcs, des carquois, des selles, des freins[1], des cordes d'arc et tout ce qui est nécessaire à l'armée. Entre chaque palais il y a un autre palais identique.

Ainsi, il y a autour de cette enceinte huit palais très beaux et tous sont remplis de l'armement du seigneur. Mais comprenez que dans chacun, il n'y a qu'une seule sorte d'armes : l'un est plein d'arcs, l'autre plein de selles, l'autre de freins, et il en va ainsi pour chacun, si bien que chaque palais n'a qu'un type d'équipement. Cette muraille a cinq portes au sud. Celle du milieu ne s'ouvre jamais, sauf à l'occasion d'une guerre. De chaque côté de cette porte, il y en a deux autres, ce qui fait cinq au total, dont la grande au milieu : les gens entrent par les plus petites portes. Mais ces quatre autres portes ne sont pas l'une à côté de l'autre : deux d'entre elles sont situées aux deux coins de ce même côté et les deux autres sont à côté de la grande, si bien que la grande est au milieu. Derrière ce côté de la muraille, un mille à l'intérieur, il y a un autre rempart qui est un peu plus long que large. Cette enceinte a

---
1. **Frein** : partie du mors qui se trouve dans la bouche du cheval.

elle aussi huit palais identiques aux autres où est rangé l'équipement du seigneur. Il y a aussi cinq portes sur le côté sud, de la même manière que pour les autres à l'extérieur. À chacun des autres côtés, il y a une porte.

Au milieu de ces deux murailles, il y a le grand palais du seigneur qui est comme je vais vous le décrire. Sachez que c'est le plus grand qu'on ait jamais vu. Il n'a pas d'étage mais est de plain-pied, et son pavement est dix paumes au-dessus du sol. Son toit est très haut. Les murs à l'intérieur des salles sont tous couverts d'or et d'argent, ainsi que les chambres. Des peintures représentent des dragons, des bêtes, des oiseaux, des cavaliers, des images de toutes sortes de choses. Le toit n'est qu'or, argent et peintures. La salle est si grande et si large que c'est une pure merveille, et six mille personnes y mangeraient facilement. Il y a tant de chambres que c'est extraordinaire. Le palais est si beau, si grand et si puissant que personne au monde n'aurait mieux su le concevoir. Les poutres du toit sont toutes de couleur rouge, verte et bleue et d'autres couleurs. Elles sont si bien vernies, avec tant d'art, qu'elles resplendissent comme le cristal : le palais brille très loin alentour. Sachez que ce toit est si solidement bâti qu'il est fait pour toujours durer.

Entre les deux murs d'enceinte dont je vous ai parlé, il y a beaucoup de fort belles prairies et de beaux arbres de diverses espèces, beaucoup de bêtes en grande abondance, des cerfs, des daims, des biches, des écureuils de beaucoup d'espèces, et des animaux dont on tire le musc[1] en grande abondance et beaucoup d'autres sortes d'animaux. Il y en a tant que tout

---

1. **Musc :** substance brune et très odorante qui est sécrétée par un animal voisin du chevreuil. Le musc, très employé en parfumerie, était très apprécié au Moyen Âge.

l'espace en est rempli, à part la route par laquelle les gens vont et viennent. Sur un côté, au nord-ouest, il y a un beau et grand lac où l'on trouve plusieurs espèces
65 de poissons en quantité que le seigneur y a fait mettre. Chaque fois que le seigneur en veut, il se sert. Un fleuve y entre et en sort, je vous l'affirme, mais il est fait de telle sorte qu'aucun poisson ne peut s'y échapper à cause des filets en fil de fer et en cuivre qui leur
70 bloquent le passage. Il y a au nord, à une demi-portée d'arc du palais, une hauteur artificielle. Elle est haute de cent pas et a bien un mille de tour. Cette colline est toute couverte d'arbres qui ne perdent jamais leurs feuilles : ainsi, ils sont toujours verts. Je vous dis que,
75 là où il y a un bel arbre, si le seigneur le sait, il le fait venir avec ses racines et la terre qui est autour et le fait planter sur cette colline. Comme ce sont des éléphants qui les portent, ces arbres peuvent être aussi grands qu'il le désire. Voilà pourquoi il possède les plus beaux
80 arbres du monde. J'ajoute que le seigneur a fait couvrir toute cette colline de roche de lapis-lazuli très vert, si bien que les arbres, le mont et la colline tout entière sont entièrement verts. C'est pourquoi on l'appelle le mont Vert, et certes son nom est légitime ! Au sommet
85 de la colline, il y a un grand palais très beau, qui lui aussi est entièrement vert, à l'intérieur comme à l'extérieur. La colline, les arbres et le palais sont un si beau spectacle, grâce à ce vert unique, que c'est une merveille : tous ceux qui les voient en deviennent heureux
90 et allègres. Le Grand Khan a fait construire ce palais pour jouir de cette belle vue et avoir plaisir, réconfort et joie dans son cœur.

[Après la description du palais du fils du Grand Khan, on arrive à la capitale de la Chine.]

CHAPITRE 85
Description de Pékin.

À cet endroit, il y avait autrefois une grande cité antique et noble qui s'appelait Cambaluk, ce qui veut dire dans notre langue « la cité du seigneur ». Les astrologues prédirent au Grand Khan que cette cité devait se révolter et faire de grands torts à l'empire. Pour cette raison, il fit bâtir la ville de Pékin juste à côté, séparée d'elle par un fleuve. Puis il fit déplacer les gens de la première cité dans la ville qu'il avait fait construire. Cette ville est de la grandeur que je vais vous dire : elle a vingt-quatre milles de tour, chaque côté fait six milles, et elle est toute carrée de tous les côtés. Elle est entourée de murailles en terre qui sont de l'épaisseur de dix pas, mais elles ne sont pas aussi épaisses en haut et en bas. Ces murailles rétrécissent vers le haut, où elles ne font que quatre pas environ. Elles ont toutes des créneaux qui sont blancs. Les murailles font plus de vingt pas de haut. La cité a douze portes, et sur chaque porte, il y a un grand palais très beau : chaque côté a trois portes et trois palais. À chaque coin, il y en a un autre très beau et très grand. Dans ces palais, il y a beaucoup de grandes salles, où se trouvent les armes de ceux qui gardent la ville. Les rues de la cité sont si droites et si larges que l'on voit d'une porte à l'autre, car on a fait en sorte que les deux portes soient visibles de partout dans la ville. À travers la cité, il y a beaucoup d'autres beaux et grands palais, beaucoup de beaux logements et beaucoup de belles maisons. Il y a au milieu de la cité un grand palais. Une grande cloche y sonne la nuit. Nul ne doit circuler dans la ville lorsqu'elle a sonné trois fois, et nul n'ose le faire, sauf pour l'accouchement d'une femme ou pour soigner les malades. Ceux qui y circulent la nuit doivent emporter une lampe. Il est ordonné en outre que chaque porte de la cité soit gardée par mille hommes. N'allez pas croire que ce soit à cause de la peur qu'ils éprouvent à l'égard de certains, car c'est pour la grandeur et la gloire du seigneur qui demeure ici, et aussi parce qu'on ne veut pas que les voleurs fassent des dégâts dans la ville. Je vous ai parlé de la ville, je vais vous dire comment le seigneur tient sa cour et ses autres faits, comme vous pourrez l'entendre.

[Suit la description de la garde du Grand Khan, appelée quesitan, puis de sa fête d'anniversaire.]

CHAPITRE 88
La grande fête que le Grand Khan organise au début de l'année.

À dire vrai, les Tartares font commencer l'année au mois de février, et le grand seigneur et tous ceux qui sont sous ses ordres font eux aussi une fête, que je vais vous décrire. Il est d'usage que le Grand Khan et tous ses sujets s'habillent en blanc, et ce jour-là, hommes ou femmes, petits et grands, tous sont vêtus ainsi. Et ils le font parce qu'il leur semble qu'un habit blanc porte bonheur : aussi le portent-ils au début de l'année afin d'avoir joie et bonheur toute l'année. Ce jour-là, tous les peuples de toutes les provinces, de toutes les régions, des royaumes et des contrées qui appartiennent au Grand Khan lui apportent de grands présents en or et en argent, des pierres précieuses, des perles et beaucoup de riches étoffes. Ils agissent ainsi afin

CHAPITRES 74 À 85

SITUER

Ces chapitres constituent le cœur du récit. Le narrateur* décrit les pays où habite le Grand Khan et fait le portrait de ce dernier.

RÉFLÉCHIR

STRUCTURE : visite de la cité du Grand Khan
1. À quel type de texte* chaque chapitre appartient-il ?
2. Relevez les indications de lieux dans le chapitre 83. Comment est organisée la description ?

PERSONNAGES : portrait du Grand Khan
3. Quels sont les principaux goûts et qualités du Grand Khan ?
4. Comparez les descriptions des palais et le portrait du Grand Khan qui les suit. En quoi se complètent-ils ?
5. Citez trois coutumes du Grand Khan. Quels défauts mettent-elles en évidence ?

GENRES : description géographique
6. Quels éléments sont décrits dans les chapitres 74, 83 et 85 ?
7. Faites un croquis du palais du Grand Khan à partir des informations données par la description du chapitre 83.
8. En quoi la description de la faune et du paysage renforce-t-elle l'impression de luxe qui entoure le Grand Khan ?

THÈMES : religion
9. « Je vais vous raconter maintenant une merveille » (p. 79, l. 65). Qu'est-ce qui est merveilleux dans ce récit ?
10. Dans le chapitre 74, relevez les adjectifs qui qualifient la vie des moines orientaux. En quoi sont-ils surprenants ? Le regard du narrateur sur ces moines est-il différent de celui qu'il porte sur les rituels des idolâtres au chapitre 69 ?

ÉCRIRE

11. À la manière d'un guide touristique, décrivez les palais du Grand Khan à partir des renseignements fournis par le texte.

que, toute l'année, leur seigneur puisse avoir beaucoup de richesse, de joie et de bonheur. En outre, ils se font des cadeaux de couleur blanche, ils s'embrassent, se donnent des baisers et se réjouissent, afin d'avoir joie et bonheur toute l'année.

Sachez qu'en ce jour des présents de plusieurs régions sont apportés au seigneur : plus de cent mille superbe chevaux blancs. En ce jour, tous les éléphants, qui sont bien cinq mille, sont couverts de beaux draps décorés, et chacun porte sur son dos deux coffres très beaux et très luxueux, pleins de la vaisselle du seigneur et de beaucoup d'autres équipements dont la Cour a besoin à la Blanche Fête. Il vient aussi une grande quantité de chameaux, couverts eux aussi de fort belles étoffes, qui sont tous chargés de choses nécessaires à cette fête, et tous passent devant le grand seigneur, et c'est la plus belle chose à voir au monde. J'ajoute que le matin de la fête, avant que les tables soient dressées, tous les rois, tous les ducs, tous les comtes, tous les marquis, barons, chevaliers, astronomes, philosophes, médecins, fauconniers et beaucoup d'autres officiers des terres d'alentour viennent dans la grande salle se présenter devant le grand seigneur. Ceux qui ne peuvent entrer à l'intérieur l'adorent de dehors, si bien que le seigneur peut tous les voir. Voici comment ils sont placés : d'abord ses fils, ses neveux et ceux de la famille impériale, ensuite les rois, puis les ducs, puis chacun selon le rang qui lui convient.

Quand ils sont assis chacun à leur place, un homme grand et sage se lève et dit à haute voix : « Inclinez-vous et adorez. » Dès qu'il a dit ces paroles, ils s'inclinent tout de suite, front contre terre, et font leurs prières vers le seigneur en l'adorant comme s'il s'agissait d'un dieu, et cela quatre fois. Puis ils se rendent à un autel qui est fort bien fait et sur lequel il y a une table vermeille où est inscrit le nom du Grand Khan et sont posés de beaux encensoirs[1] en or. Ils encensent[2] la table et l'autel avec beaucoup de respect, puis chacun s'en retourne à sa place. Une fois cela fait, ils s'offrent les cadeaux dont je vous ai parlé et qui sont de très grande valeur et très luxueux. Quand les cadeaux sont tous faits et que le seigneur les a tous vus, on dresse les tables. Une fois mises, chacun s'assied à sa place selon l'ordre que je vous ai indiqué. Après qu'ils ont mangé, des jongleurs viennent et divertissent la Cour comme je vous l'ai déjà dit. Puis chacun retourne en sa demeure. Je vous ai parlé de la Blanche Fête du début d'année. Je vais vous parler d'un acte noble que le seigneur fait avec ses vêtements : il les donne à ses barons pour venir à ces fêtes organisées comme je vous l'ai dit.

[Le narrateur énumère l'importance numérique des vêtements donnés par le Grand Khan à ses officiers.]

CHAPITRE 93
Les chasses du Grand Khan.

Quand le seigneur est resté dans sa capitale, que je vous ai nommée ci-dessus, trois mois, c'est-à-dire décembre, janvier et février, il s'en va de la cité le premier jour de mars et va au sud jusqu'à l'Océan qui est à deux journées de voyage. Il emmène avec lui dix mille fauconniers et emporte au moins cinq cents gerfauts,

---

1. **Encensoir :** sorte de récipient suspendu à des chaînettes qui contient de l'encens que l'on fait brûler et qui permet de répandre son odeur.
2. **Encenser :** honorer en brûlant de l'encens, en agitant l'encensoir.

faucons pélerins et sacres, d'autres espèces d'oiseaux en grande abondance et des autours en grand nombre pour chasser les oiseaux des rivières. Mais ne croyez pas qu'il les garde tous ensemble : il les répartit çà et là par centaine ou par deux cents au plus, comme bon lui semble. Les fauconniers chassent en permanence et apportent la plus grande partie de leur butin au grand seigneur. Quand le seigneur chasse avec ses gerfauts et ses autres oiseaux, il a bien, je vous l'affirme, dix mille hommes, tous rangés deux par deux, que l'on nomme *toscaor*, ce qui signifie « hommes qui demeurent pour la garde ». Ils demeurent deux par deux çà et là et occupent beaucoup de terrain ; chacun a un leurre et un capuchon pour pouvoir appeler et retenir les oiseaux. Quand le seigneur fait lancer ses oiseaux, il n'est pas nécessaire que ceux qui les lancent les suivent, parce que les hommes, dont je vous ai parlé et qui sont dispersés, les gardent si bien qu'ils ne peuvent aller nulle part sans être suivis par eux. Si les oiseaux ont besoin de secours, ils les aident aussitôt. Tous les oiseaux du seigneur ont une petite plaque à la patte pour les identifier, tout comme ceux des officiers. Sur cette plaque est écrit le nom de celui qui possède l'oiseau et qui le garde. Ainsi, dès qu'il est pris, l'oiseau est reconnu et rendu à son propriétaire. Et si l'on ne sait pas à qui il est, on le prend et on le porte à l'officier qui est appelé *boulargouci*, ce qui signifie le « gardien des choses qui ne trouvent pas de maître ». En effet, je vous assure que, si l'on trouve un cheval, une épée, un oiseau ou autre chose et que l'on ne sait pas à qui il est, il est aussitôt porté à cet officier qui le fait garder. Si celui qui l'a trouvé ne l'apporte pas immédiatement, il est traité comme un voleur. Ceux qui ont perdu un bien vont voir ce seigneur et s'il l'a, il le leur

rend immédiatement. Cet officier demeure toujours au plus haut lieu de l'armée, l'étendard déployé afin que ceux qui ont perdu ou trouvé quelque chose le voient bien. De cette manière, rien ne peut se perdre sans être
45 retrouvé et rendu.

[Le narrateur décrit la tente de chasse luxueuse ainsi que les nombreux oiseaux chassés.]

Quand le seigneur est resté de mars à la mi-mai en ce lieu, en prenant autant de plaisir que je vous l'ai dit et raconté, il s'en va avec tout son peuple par là où il est arrivé et se rend à Pékin, c'est-à-dire dans la capi-
50 tale de la Chine, comme vous l'avez déjà entendu dire. Et il s'en va en chassant toujours bêtes et oiseaux avec un grand plaisir.

CHAPITRE 96
Comment le Grand Khan fait prendre des écorces d'arbre semblables à du papier pour faire de la monnaie.

À dire vrai, dans cette cité de Pékin se trouve la banque du grand seigneur : elle est organisée de telle manière que l'on peut bien dire qu'il maîtrise l'alchimie[1] parfaitement. Voici pourquoi : il fait faire de
5 la monnaie comme je vais vous le dire. Il fait prendre des écorces d'arbre, c'est-à-dire de mûrier dont les vers à soie mangent la feuille : il y en a tant que toutes les contrées en sont remplies. On prend une écorce fine et

---
1. **Alchimie :** ancêtre de la chimie.

blanche qui se trouve entre le bois et l'écorce épaisse et on noircit ces écorces, qui sont fines comme du papier. Quand ces billets sont prêts, on les découpe : le plus petit vaut un demi-tournois, celui qui est un peu plus grand vaut un tournois, le suivant un demi-gros d'argent vénitien, le suivant un gros d'argent vénitien, le suivant deux gros, le suivant cinq gros, le suivant dix gros, le suivant un besant d'or, le suivant quatre besants d'or, le suivant cinq besants d'or et ainsi de suite jusqu'à dix besants d'or[1]. Tous ces billets portent le sceau du seigneur. Chaque année, il en fait faire en grande quantité, car cela ne lui coûte rien, et ils pourraient lui payer tous les trésors du monde. Quand ces billets sont faits comme je vous l'ai dit, il s'en sert pour tous ses paiements et, dans toutes ses provinces, dans toutes ses cités et dans toutes ses seigneuries, fait défendre que personne, s'il tient à la vie, ne les refuse, car il serait immédiatement mis à mort. Chacun les prend volontiers, je vous l'assure, parce que partout où l'on va, c'est la terre du Grand Khan, et on s'en sert pour payer les marchandises comme s'il s'agissait d'or fin. En outre, ils sont si légers que ce qui vaut dix besants d'or n'en pèse pas un.

Sachez en outre que tous les marchands qui viennent de l'Inde ou d'un autre pays et qui apportent de l'or, de l'argent, des perles ou des pierres précieuses ne doivent pas les vendre à quelqu'un d'autre que le seigneur. Il a choisi douze sages pleins d'expérience pour les estimer, ce qu'ils font, car le seigneur les paye avec générosité au

---

1. Tournois, gros, besant : monnaies utilisées en particulier à Venise et dont la valeur était variable. L'énumération de Marco Polo permet de donner une indication de leur valeur respective : **le tournois** était utilisé dans toute l'Europe et était généralement en argent ; **le gros** était une monnaie italienne qui valait douze deniers ; **le besant**, d'origine byzantine, pouvait être en argent ou en or.

moyen de ces billets. Eux les prennent bien volontiers, d'abord parce qu'ils savent bien qu'ils n'en obtiendraient pas autant d'une autre personne, ensuite parce qu'ils sont payés immédiatement, et enfin parce qu'ils trouvent partout à acheter tout ce dont ils ont besoin ici, et que ces billets sont plus légers à porter sur les chemins qu'aucune autre monnaie.

Ainsi le seigneur achète chaque année un trésor si grand que sa richesse est infinie en le payant avec ce qui ne lui coûte rien, comme vous l'avez entendu. En outre, plusieurs fois par an, il fait proclamer par la cité que tout homme qui a de l'or, de l'argent, des perles ou des pierres précieuses doit les déposer à la banque et qu'il se les fera payer largement. Aussi les Tartares les déposent-ils bien volontiers, parce qu'ils savent eux aussi qu'ils n'en obtiendront pas autant auprès de personne d'autre, et ils en apportent tant que c'est une merveille. Ainsi le seigneur possède tout le trésor de sa terre. Quand certains de ces billets sont abîmés, même s'ils sont très résistants, il faut les apporter à la banque. En échange de trois pour cent de leur valeur, on en reçoit des neufs. En outre, si un officier, ou une autre personne, quelle qu'elle soit, a besoin d'or, d'argent, de pierres précieuses ou de perles pour en faire de la vaisselle ou autre chose, il va à la banque et en achète autant qu'il veut en les payant avec ces billets. Je vous ai raconté comment et pourquoi le Grand Khan a nécessairement plus de richesses que tous ceux au monde, et vous l'avez bien compris. Je vais maintenant vous expliquer comment les ordres circulent dans le pays à partir de cette cité.

[Suit la description des douze ministres qui administrent l'empire.]

Chapitre 98
Comment ses émissaires partent de Pékin et vont par tous les chemins et tous les pays.

Sachez donc bien que de cette ville de Pékin partent beaucoup de routes et de chemins qui vont vers de nombreuses provinces, c'est-à-dire qu'un chemin mène à une province, un autre chemin à une autre province, etc. : ainsi chaque chemin a le nom de la province où il mène, ce qui est très sage. Quand on s'en va de Pékin par n'importe quelle route et qu'on fait vingt-cinq milles, les émissaires du seigneur trouvent un poste qu'ils appellent *iamb*, et que nous appelons « relais de chevaux ». Dans ce relais où vont les émissaires du seigneur, il y a un grand palais, beau et puissant, où ils se logent. Les chambres sont pleines de lits très luxueux et très beaux et sont très bien équipées de tout ce qui est nécessaire, et même si un roi puissant y venait, il y serait bien logé. Dans ces relais se trouvent quatre cents chevaux, parfois trois cents, selon les besoins, comme le grand seigneur l'a décidé. Ils doivent toujours être prêts pour ses émissaires quand il les envoie quelque part. Sachez que tous les vingt-cinq ou trente milles, il y a toujours un de ces relais équipés comme je vous l'ai dit. C'est ainsi sur toutes les routes principales qui vont aux provinces dont je vous ai parlé : de cette manière, on peut voyager dans toutes les provinces principales du Grand Khan. Pour les émissaires qui doivent se rendre dans des lieux si écartés qu'ils n'y trouveront ni maison ni logis, le seigneur a fait faire des relais identiques aux autres, sauf qu'il faut chevaucher plus longtemps pour s'y rendre. En effet, les premiers sont éloignés de vingt-cinq à trente milles, alors que les autres sont à trente-cinq ou quarante-cinq milles. Ils sont tout aussi bien équipés, que ce soit en chevaux que pour le reste : quel que soit l'endroit où ils vont et d'où ils viennent, les messagers peuvent partout trouver tout ce dont ils ont besoin. Certes, c'est bien la plus grande cause d'orgueil qu'aient jamais eue un roi ou un empereur. Car sachez en vérité que plus de deux cent mille chevaux sont mis à disponibilité des émissaires, et en outre qu'il y a plus de dix mille de ces palais et qu'ils sont tous pourvus en équipements luxueux comme je vous l'ai raconté. Ce fait est si merveilleux et si important qu'on peut difficilement l'évaluer et le raconter.

[Le Grand Khan donne du blé à son peuple et supprime les impôts s'il y a eu des récoltes mauvaises ou des épidémies. Il a fait aussi planter des arbres sur la route pour les voyageurs. Le narrateur parle ensuite du vin fait avec du riz et du charbon, qui est qualifié de « pierres noires ». Suit la description de plusieurs lieux : le pont sur le fleuve Sang-Kan qui marque l'entrée en Chine, le fleuve Jaune, la cité de Tongjuan et de Xian, les pays de Han, de Hanzhoug et de Chen-du. Le narrateur raconte aussi l'histoire de la soumission du roi Dot au Prêtre Jean.]

CHAPITRES 88 À 98

SITUER

Le narrateur* décrit ensuite le fonctionnement de la cour du Grand Khan et celui de son empire en insistant sur les aspects les plus originaux, qu'il s'agisse des fêtes, de l'économie ou du gouvernement.

RÉFLÉCHIR

STRUCTURE : faire voir

1. Indiquez les différents thèmes abordés dans ces chapitres. Quel effet produit la succession de ces thèmes ?

2. Le narrateur commente sa propre narration*. Relevez et classez ses remarques.

GENRES : compter

3. Relevez les nombres qui sont indiqués dans le chapitre 89. Quel effet produisent-ils ?

4. L'usage des nombres est-il identique dans les chapitres 89 et 96 ? À quel type de texte appartient ce chapitre ?

PERSONNAGES : la Cour

5. Quelles images contrastées sont données du Grand Khan ?

6. En quoi ces chapitres contribuent-ils à construire une légende autour du personnage du Grand Khan ?

7. En quoi l'abondance des détails dans les chapitres 96 et 98 est-elle révélatrice de la personnalité de Marco Polo ?

THÈMES : merveille* et orientalisme

8. Relevez et classez les éléments qui relèvent de l'extraordinaire dans l'ensemble du chapitre 83. Sont-ils tous du même ordre ?

9. Pourquoi le narrateur emploie-t-il l'expression « à dire vrai » au chapitre 96 (p. 92, l. 1) ? En quoi la description du papier-monnaie est-elle surprenante à l'époque médiévale ?

10. Connaissez-vous les contes* des *Mille et Une Nuits* ? Quels sont les thèmes de ces contes que l'on retrouve dans ces chapitres du *Livre des merveilles* ?

ÉCRIRE

11. Un marchand européen veut vendre sa marchandise auprès d'un Mongol et découvre la monnaie de papier, qui n'existe pas dans son pays. Imaginez leur dialogue.

FAIRE LE POINT — LE LIVRE DU GRAND KHAN

Les chapitres 74 à 98 constituent une pause dans le voyage de Marco Polo. Ils sont centrés autour du Grand Khan, ses lieux de résidence, ses goûts et son art de gouverner.

STRUCTURE : ordre et méthode

L'organisation méthodique de cet ensemble est particulièrement soignée et démontre un souci de réaliser une description aussi précise qu'évocatrice du pouvoir du Grand Khan.

1. À partir des titres des chapitres, dégagez le plan de l'ensemble. En quoi constitue-t-il un livre ?

2. Quel nom revient régulièrement dans les titres des chapitres 74 à 98 ? Pourquoi est-ce révélateur du rôle et de l'importance du personnage ?

GENRES : technique ou conte* ?

Les descriptions variées qui constituent ces chapitres ont souvent un caractère technique marqué ou sont au contraire hyperboliques*.

3. Quel champ lexical* domine dans les chapitres 83, 93, 96 et 98. Quels domaines techniques sont analysés ?

4. Relevez les adjectifs utilisés pour qualifier la dimension, le volume ou la quantité dans les chapitres 74, 85 et 88. Quel effet produit leur répétition et leur emploi ?

QUI PARLE ? QUI VOIT ? « Je dis que c'est vrai »

Le narrateur* est présent dans l'ensemble des chapitres. Il insiste sur la véracité de ses dires ou rappelle un développement précédent. Mais ses interventions disparaissent dans les descriptions techniques.

5. Relevez toutes les occurrences du pronom « je » dans les chapitres 74 et 83. À quoi servent ces interventions de l'auteur ?

6. Relevez tous les adjectifs dans le chapitre 81. En quoi sont-ils révélateurs de la position du narrateur ?

PERSONNAGES : vie et mœurs du Grand Khan

L'organisation des chapitres met en relief la personne du Grand Khan, qui en est le centre. C'est le portrait d'un roi absolu, de sa cour et de son gouvernement.

7. À partir du chapitre 88, comment le pouvoir du Grand Khan est-il mis en évidence par l'organisation de la fête ?

8. Quels personnages sont présents dans l'ensemble de ces chapitres ? Quelles relations entretiennent-ils avec le Grand Khan ? Quelle est leur fonction dans cette évocation de la cour mongole ?

L'Empire du Grand Khan

Chapitre 115
Description du Tibet.

Après cinq journées de voyage, on arrive dans une province toute dévastée que l'on appelle Tibet. En effet, Mongka Khan l'a détruite au cours d'une guerre, et ses cités, ses villages et ses hameaux ont tous été ravagés. On y trouve des bambous très gros et extraordinairement grands. Ils font au moins trois paumes d'épaisseur et quinze pas de long et, d'un nœud à l'autre, plus de trois paumes. J'ajoute que les marchands et les autres gens qui cheminent dans ce pays s'en servent pour faire du feu la nuit, parce que lorsqu'ils sont enflammés, ils font un tel bruit que les lions, les ours et les bêtes sauvages – et il y en a beaucoup dans cette province dévastée ! – en ont tellement peur que cela les fait fuir, et ils ne s'approcheraient du feu pour rien au monde. C'est pour cette raison qu'il n'y a pas d'habitants l'été, tant se sont multipliées les bêtes sauvages. Ils font donc ce feu pour se protéger, eux et leurs bêtes, des animaux sauvages, dont la quantité est extraordinaire. Et si ces bambous, si bruyants quand on les brûle qu'ils font fuir les bêtes sauvages, n'existaient pas, personne ne pourrait passer par là.

Je vais vous expliquer comment ces bambous font un si grand bruit. Les marchands prennent de ces bambous verts, qui sont si nombreux, et les jettent au feu. Au bout d'un moment, ils se tordent, se fendent et font un si grand bruit que, semble-t-il, on l'entend à dix milles de là. Sachez que celui qui n'a pas l'habitude de les entendre peut facilement perdre connaissance et mourir.

Mais ceux qui en ont l'habitude n'en sont pas effrayés, parce qu'ils y sont accoutumés. Ceux qui ne le sont pas doivent prendre du coton et se boucher les oreilles, puis s'entourer la tête et le visage avec tous les habits qu'ils ont. Ainsi on s'en tire jusqu'à ce qu'on en ait l'habitude. C'est la même chose pour les chevaux : les bêtes qui ne sont pas habituées à entendre ce son rompent leurs liens et s'enfuient. À cause de cela, on en perd beaucoup. Quand on veut protéger les chevaux, on leur entrave les quatre pattes, puis on leur bande la tête, les oreilles et les yeux : c'est ainsi qu'ils s'en sortent. Quand ils ont fait plusieurs fois l'expérience de ce bruit, ils n'en sont plus si effrayés. Au début, c'est la plus horrible chose à entendre, je vous le dis.

En outre on rencontre parfois des lions, des ours et d'autres bêtes sauvages, car il y en a en abondance dans le pays. Quand on a chevauché vingt jours et qu'on ne trouve aucune habitation, on doit emporter tout ce dont on a besoin, car on ne manque pas de rencontrer beaucoup de ces bêtes sauvages, qui sont dangereuses et redoutables.

Aucun homme dans ce pays ne prendrait comme femme une jeune fille vierge, car ses habitants pensent qu'elles ne valent rien tant qu'elles n'ont pas connu des hommes. Ils font donc en sorte que quand les voyageurs passent, les vieilles femmes se tiennent prêtes avec leurs filles, leurs parentes ou leurs amies. Elles les amènent auprès des voyageurs et les donnent à tous ceux qui en veulent pour en user selon leur désir. Les hommes les prennent, puis les rendent aux vieilles femmes qui les ont amenées, car elles ne les laissent pas partir avec les gens. Les voyageurs, quand ils vont sur les routes, en trouvent de cette manière vingt, trente, autant qu'ils veulent, dès qu'ils passent par un hameau, un village ou une autre habitation. Quand ils logent avec ces gens dans leurs hameaux et leurs châteaux, ils en ont autant qu'ils le souhaitent, car elles viennent les en prier. Celle avec laquelle vous aurez été, vous lui donnerez assurément un petit objet, un petit bijou ou une médaille, afin qu'elle puisse prouver qu'elle a eu plusieurs hommes le jour de son mariage ; elle ne le ferait pas pour une autre raison. Ainsi chaque jeune fille doit avoir plus de vingt bijoux ou médailles avant de pouvoir se marier de la façon que j'ai décrite. Celles qui ont le plus de médailles ou de joyaux et qui montrent qu'elles ont été les plus touchées sont considérées comme les meilleures, et les hommes les épousent plus volontiers que les autres car ils les considèrent comme plus gracieuses. Mais une fois qu'elles sont mariées, ils les aiment davantage et considèrent comme une mauvaise action que quelqu'un touche la femme d'un autre. Ils se gardent tous de ce déshonneur dès qu'ils sont mariés avec de telles femmes. Je vous ai parlé de cette sorte de mariage, car elle mérite bien d'être décrite : nos jeunes gens auraient plaisir à aller là-bas pour avoir de ces jeunes filles à volonté, et on les en prierait sans qu'il leur en coûte rien !

Les gens sont idolâtres et très mauvais, car ils ne considèrent pas le vol et les autres mauvaises actions comme des péchés, et ce sont les plus grands brigands du monde. Ils vivent de la chasse, de gros gibiers et de leurs récoltes. J'ajoute que, dans ce pays, il y a beaucoup de bêtes dont on tire du musc, que l'on appelle dans leur langage *guddéri*. Ce mauvais peuple a beaucoup de grands chiens de valeur qui attrapent beaucoup de ces animaux : aussi ont-ils du musc en abondance. Comme ils n'ont pas de monnaie de papier au sceau du Grand Khan, ils utilisent le sel à la place. Ils s'habillent très pauvrement et leurs vêtements sont en peaux de bêtes, de chevaux, en chanvre[1] et en bougran[2]. Ils ont leur propre langue et leur pays s'appelle Tibet.

Le Tibet est une grande province dont je vais encore vous parler, comme vous pourrez l'entendre. Cette province possède une langue particulière, comme je vous l'ai dit. Les gens sont idolâtres et leur pays touche le Mangi et bien d'autres provinces. Ce sont de très grands voleurs. Le pays est si grand qu'il contient huit royaumes et beaucoup de cités et de villages. Il y a en plusieurs lieux des fleuves et des montagnes où l'on trouve de l'or en paillettes en grande quantité. Dans ce pays, on apprécie le corail, qui est très cher : on le met volontiers au cou des femmes et des idoles. Ils ont aussi beaucoup d'étoffes en poil de chameau et d'autres en or et en soie. On y trouve aussi beaucoup d'épices qu'on n'a jamais vues dans notre pays. Sachez qu'ils ont les magiciens les plus savants et les meilleurs astrologues qui soient dans les pays d'alentour : ils font les enchantements les plus grands et les prodiges les plus extraordinaires, le tout par art diabolique, et c'est une merveille à entendre ou à voir. Je ne vous le raconterai pas dans ce livre parce que beaucoup de gens seraient admiratifs et ce ne serait pas bien. Ils ont de très mauvaises coutumes. Ils ont des mâtins[3] grands comme des ânes, qui sont très forts pour prendre les bêtes sauvages qu'on trouve en quantité, comme je vous l'ai dit. Ils ont aussi beaucoup de races de chiens de chasse et beaucoup de bons faucons laniers, rapides et qui savent bien chasser les oiseaux, qu'ils capturent dans leurs montagnes.

---

1. **Chanvre :** textile tiré de la tige d'une plante.
2. **Bougran :** tissu très fin fabriqué à Boukhara.
3. **Mâtin :** grand et gros chien de chasse ou de garde.

Mais laissons la province du Tibet, dont nous avons largement parlé, et parlons d'une autre province appelée Xichang. Comprenez bien que le Tibet et tous les autres royaumes, provinces et régions qui sont décrits dans ce livre appartiennent au Grand Khan, à part les provinces évoquées au début de notre livre, qui appartiennent au fils d'Argoun, seigneur de l'Est, comme je l'ai expliqué. Mais tout est au Grand Khan, car le fils d'Argoun tient sa terre de lui, il est son vassal, son parent et appartient à la famille impériale. Ainsi, toutes les autres régions qui sont décrites dans notre livre appartiennent au Grand Khan ; même si ce n'est pas écrit, vous devez le comprendre ainsi.

[C'est ensuite la description du pays de Xichang, qui fournit des perles et des turquoises en quantité.]

CHAPITRE 117
Description de la cité et du pays du Yunnan.

Quand on a passé le fleuve [Bleu], on entre dans le pays du Yunnan. Ce pays est si grand qu'il comprend sept royaumes, et il est à l'ouest. Ses habitants sont idolâtres et sont sujets du Grand Khan. Le roi est l'un de ses fils et s'appelle Esentemur : c'est un très grand roi, puissant et magnifique, et il gouverne bien sa terre, en toute justice, car il est sage et homme de valeur. En partant du fleuve dont je vous ai parlé et en voyageant vers l'ouest pendant cinq jours, on rencontre beaucoup de villes et de villages où naissent d'excellents chevaux. Les habitants vivent de bétail et des récoltes de leur terre. Ils possèdent leur langue propre, qui est très difficile à comprendre. Au bout de ces cinq journées de voyage, on arrive à la ville principale, la capitale du royaume que l'on appelle Kumming et qui est très grande et très puissante. Il y a là beaucoup de marchands et d'artisans et des gens de beaucoup de religions : des musulmans, des idolâtres, et quelques chrétiens nestoriens. Les gens ont beaucoup de froment et de riz, mais ils ne mangent pas le pain de froment parce qu'ils le considèrent comme malsain. Ils mangent du riz et en font des boissons, en y ajoutant des épices, qui sont très claires et très bonnes.

Ils utilisent des coquillages blancs en guise de monnaie, ceux qu'on trouve dans la mer, et ils les mettent au cou de leurs chiens. Quatre-vingts coquillages coûtent un poids d'argent, c'est-à-dire deux gros vénitiens, soit vingt-quatre livres. Huit poids d'argent fin valent un poids d'or. Ils ont aussi des eaux salées dont ils tirent du sel. Tous ceux du pays en vivent et je vous assure que le sel rapporte beaucoup de profit au roi. Ils ne s'inquiètent pas si l'un touche à la femme de l'autre, à condition que la femme soit d'accord. Ils ont un lac qui est d'une grandeur de cent milles et où il y a une grande quantité de poissons très grands et très beaux qui sont les meilleurs du monde. Sachez aussi que les gens de ce pays mangent de la viande crue : du mouton, du bœuf, du buffle, de la poule et d'autres viandes. Ils vont à la boucherie et prennent le foie cru dès qu'il est sorti de la bête, le coupent en petits morceaux, le mettent dans une marinade qu'ils font avec de l'eau chaude et des épices et le mangent ; et ils mangent ainsi toutes les autres viandes crues comme nous le faisons pour la viande cuite. Maintenant que je vous ai raconté tout cela, je vais continuer à vous parler de ce pays du Yunnan.

Chapitre 118
La cité du Yunnan.

Quand on part de la cité de Kumming dont je vous ai parlé plus haut, on peut chevaucher dix jours vers l'ouest sans sortir de la province du Yunnan. On atteint alors une autre cité importante de ce pays qui
5 s'appelle Ta-Li. Les gens y sont idolâtres et sujets du Grand Khan. Le roi est un autre fils du Grand Khan que l'on appelle Hugueci. Dans ce pays aussi, on trouve de l'or en paillettes à foison dans les grands fleuves et dans les lacs ; et dans les montagnes, l'or est
10 plus gros qu'en paillettes. Ils ont tant d'or qu'ils en donnent un poids contre six d'argent. Ils utilisent aussi les coquillages dont je vous ai parlé ; j'ajoute qu'on ne trouve pas ces coquillages dans le pays, mais qu'ils viennent de l'Inde.
15 Dans ce pays, il y a de grandes couleuvres et de grands serpents, qui sont si énormes que tous ceux qui les voient en ont grand-peur. Ceux qui en entendent parler devraient être étonnés tant ils sont hideux ! Je vais vous expliquer comme ils sont grands et gros.
20 Sachez en vérité qu'il y en a une sorte qui fait dix pas de long, une autre plus, une autre moins, et ils sont bien aussi gros qu'un tonneau. Ils ont deux jambes près de la tête et aucun pied, avec une griffe faite comme celle d'un faucon ou d'un lion. Leur tête est
25 très grande et leurs yeux plus gros qu'un grand pain. Leur gueule est si grande qu'un homme entier y serait englouti. Ils sont si laids et si cruels que tous les hommes et les femmes en ont peur. Voici comment on les prend : sachez que, le jour, ces serpents demeurent
30 sous terre à cause de la chaleur et qu'ils sortent la nuit pour se nourrir, mangeant toutes les bêtes qu'ils peuvent

attraper et allant boire aux fleuves, aux lacs et aux sources. Ils sont si lourds que, quand ils vont boire ou manger la nuit, ils laissent sur leur chemin un si grand
35 fossé qu'il semble qu'on y ait fait rouler un tonneau plein. Voici comment les chasseurs les attrapent : ils posent un piège sur les chemins où ils voient que les serpents sont passés, parce qu'ils savent qu'ils repasseront par là. Ils plantent un très grand pieu dans la terre et y
40 fixent dessus un fer tranchant comme un rasoir qu'ils couvrent de sable pour que les couleuvres ne le voient pas. Les chasseurs en mettent plusieurs sur les chemins. Quand les serpents repassent, ils tombent sur les pieux avec tant de force que les fers leur entrent par le poitrail
45 et les fendent jusqu'au nombril, et ils meurent aussitôt. Voilà comment les chasseurs les capturent.

Quand ils les ont pris, ils leur retirent le fiel[1] du ventre et le vendent très cher. Sachez en effet que l'on en fait de grands remèdes, et que si une personne est mor-
50 due par un chien enragé et qu'on lui en donne un peu à boire, autant que le poids d'un petit denier, elle est aussitôt guérie. En outre quand une dame ne peut accoucher et qu'on lui en donne autant à boire, elle enfante immédiatement. Bien plus, si on a une érup-
55 tion de furoncles[2] ou pire encore, et si on y met un peu de ce fiel dessus, on en guérit en très peu de temps. C'est pourquoi ce fiel est vendu très cher. Les chasseurs vendent aussi la chair de ce serpent parce qu'elle est très bonne à manger, et elle se mange en effet très volon-
60 tiers. Quand les serpents ont faim, ils vont quelquefois jusqu'aux tanières des lions, des ours ou des autres grandes bêtes sauvages, là où ces animaux gardent

---

1. **Fiel :** bile des animaux.
2. **Furoncles :** amas de pus sous forme de follicule plus ou moins gros sur la peau et dû à une infection.

leurs petits, et ils mangent ces derniers, sans que leurs pères et leurs mères puissent les défendre. Quand ils attrapent les grands, ils les mangent aussi, car ils ne peuvent pas se défendre contre eux.

[La description se poursuit sur les chevaux et les armes, ainsi que sur la suppression de mauvaises coutumes par le Grand Khan.]

CHAPITRE 119
L'illustre pays appelé Zardandan.

Quand on part du Yunnan et que l'on a chevauché dix jours vers l'ouest, on trouve une province que l'on appelle Zardandan. Les habitants sont idolâtres et sont sujets du Grand Khan. La capitale du pays s'appelle Baosham. Les gens ont tous les dents dorées, c'est-à-dire que chacun a les dents couvertes d'or, car ils font faire une forme en or de la taille de leurs dents et les en recouvrent en haut comme en bas. Les hommes le font, mais pas les femmes. Les hommes sont tous cavaliers à leur façon, et ils ne font rien d'autre qu'aller à l'armée, chasser le gros gibier et les oiseaux. Les dames font tout le reste, aidées des esclaves qu'ils ont pris dans d'autres pays. Quand une femme vient d'accoucher, elle lave son enfant et l'enveloppe dans un linge. Puis elle se lève aussitôt et va faire ce qu'elle a à faire. Le mari entre dans le lit et reste couché avec l'enfant pendant quarante jours[1]. Tous ses amis et parents viennent le voir pour manifester leur joie et le réconforter. Ils agissent ainsi parce que,

---

[1]. C'est une pratique appelée *couvade*, que l'on trouve dans d'autres sociétés, et où le mari prend la place de la femme après l'accouchement.

selon eux, la femme a enduré beaucoup de souffrance pour porter l'enfant et qu'il faut que le mari prenne sa part de travail.

Les habitants mangent toutes sortes de viandes cuites et crues. Ils mangent du riz dont la chair est cuite selon leur façon, ils boivent du très bon vin qu'ils font avec du riz et des épices. Leur monnaie est en or et ils dépensent aussi des coquillages. Ils donnent un poids d'or pour cinq poids d'argent, je vous le dis, et ce parce qu'ils n'ont pas de mines d'argent à plus de cinq mois de route. Pour cette raison, les marchands qui ont beaucoup d'argent l'apportent à ces gens pour l'échanger, et ils leur donnent cinq poids d'argent fin pour un poids d'or fin. Ainsi ils en tirent un grand bénéfice. Les gens n'ont pas d'idoles, ni d'églises, mais ils adorent le plus ancien de la maison et disent : « C'est de lui que nous sommes issus. » Ils n'ont aucune lettre ni écriture et ce n'est pas étonnant, car ils vivent sur une route très écartée, dans des lieux très sauvages remplis de forêts et de montagnes. On ne peut y aller en été, et il ne faut pas le faire pour rien au monde, car l'air est si mauvais et si corrompu à cette époque de l'année qu'aucun étranger ne peut échapper à la mort. Quand ces gens font des affaires, ils prennent un peu de bois rond ou carré qu'ils fendent en son milieu ; chacun en tient une moitié et ils font deux ou trois marques à chaque moitié[1]. Quand ils se paient, ils prennent la moitié du bois que l'autre apporte.

J'ajoute que, dans ces trois pays dont je vous ai parlé, c'est-à-dire Yunnan, Baosham et Kumming, il n'y a pas de médecin. Quand les gens sont malades, ils

---

1. Cette pratique du bois coupé en deux qui sert de signe de reconnaissance existait aussi dans la Grèce archaïque : c'est le sens étymologique du mot grec *sumbolon* (« symbole »).

font venir des enchanteurs diaboliques, c'est-à-dire ceux qui servent leurs idoles. Les malades expliquent leur mal à ces magiciens qui font résonner leurs instruments, commencent à chanter, à danser et à sauter, tant et si bien que certains tombent à terre, évanouis, comme morts, ce qui signifie que le démon est entré dans leur corps. Les autres enchanteurs demandent alors à l'un d'eux quelle maladie a le malade, et lui répond : « Tel esprit l'a touché parce qu'il l'a offensé. » Alors ils le prient pour qu'il les pardonne : « Prends en réparation de son sang ou des ses autres biens tout ce que tu voudras avoir à sa volonté. » Quand ils lui ont tant dit et tant prié, le mauvais esprit qui est dans le corps de celui qui est à terre répond : « Ce malade a tant offensé tel autre esprit et il est si méchant que l'esprit ne veut lui pardonner pour rien au monde. » Telle est la réponse quand le malade doit mourir. Quand il doit en réchapper, l'esprit leur dit de prendre deux ou trois moutons et de faire dix ou douze boissons, qui sont très chères et très bonnes, avec de bonnes épices, et les moutons doivent avoir la tête noire, à moins que le démon, selon son bon vouloir, les demande d'une autre couleur. Le malade doit faire le sacrifice de tous ces biens auprès de l'esprit – que l'enchanteur nomme – et doit avoir avec lui tant d'enchanteurs et tant de dames. Toute cette cérémonie doit être accompagnée de grandes louanges, de grands chants, de grands cierges et de bonnes odeurs, et ainsi leur répond l'esprit quand le malade doit guérir.

Dès que les parents du malade entendent l'esprit, ils prennent tout ce qu'il a commandé et l'enchanteur qui a dit ces paroles se lève. Aussitôt, ils s'emparent des moutons de l'espèce et de la couleur qu'il a commandées et

préparent les boissons. Ils tuent les moutons et répandent
leur sang dans les lieux qui leur ont été indiqués en l'honneur de tel esprit. Puis ils les font cuire dans la maison du malade où viennent autant d'enchanteurs et de dames qu'il a été dit. Quand ils sont tous rassemblés et que tout est prêt, tous commencent à danser, à chanter et à faire retentir leurs instruments en l'honneur de l'esprit. Ils prennent du brouet de viande et de la boisson. Ils ont aussi de l'encens et de l'aloès, et ils vont répandre l'encens çà et là avec de grands cierges, ainsi que le brouet, la boisson et la viande. Au bout d'un certain temps, l'un des enchanteurs tombe lui aussi et demeure comme mort, l'écume à la bouche, et les autres enchanteurs lui demandent si le malade est pardonné. Certaines fois il répond oui, mais d'autres fois non, notamment si les parents n'ont pas fait telle ou telle chose, et dans ce cas il le leur ordonne afin que le malade soit pardonné, et les parents le font immédiatement. Quand tout ce que l'esprit a commandé est fait, l'enchanteur leur dit que le malade est pardonné et qu'il guérira prochainement. Une fois qu'il leur a fait cette réponse, les parents disent que l'esprit est bien de leur côté et est apaisé. On commence donc à manger avec grande joie et grand plaisir. Celui qui est tombé à terre comme évanoui se lève et mange avec eux. Quand ils ont mangé et bu, ils se lèvent et chacun rentre chez soi. Aussitôt, le malade se lève, guéri et en pleine santé. <u>Je vous ai raconté la coutume et les mauvais usages de ce mauvais peuple.</u> Nous arrêterons de parler d'eux et de leur pays et nous vous parlerons des autres, comme vous pourrez l'entendre plus loin, de manière claire et méthodique.

[Le récit raconte ensuite la conquête des royaumes de Birmanie et du Bengale par le Grand Khan.]

CHAPITRES 115 À 119

SITUER

Après les pays proches du gouvernement du Grand Khan, ce sont des pays plus étranges et plus lointains qui sont décrits.

RÉFLÉCHIR

STRUCTURE : voyager

1. Quelle formule est toujours répétée dans les chapitres ? Quelle relation établit-elle entre eux ?

2. Comment est mesuré le temps du voyage ? Quelle progression géographique est indiquée ?

3. Quels sont les différents thèmes abordés dans ces chapitres ? Dans quel ordre apparaissent-ils ?

QUI PARLE ? QUI VOIT ? Témoigner

4. Relevez les interventions du narrateur* : à quoi servent-elles ?

5. Quelles mœurs sont présentées comme les pires ?

6. Qu'est-ce qui est le plus décrit ? Qu'est-ce que cela révèle de la personnalité de Marco Polo ?

GENRES : la description géographique

7. Quels éléments du paysage sont décrits ? Quel effet produit leur description ?

8. Comment est présentée la vie des habitants ? Est-ce une évocation précise et réaliste ?

THÈMES : merveille* et orientalisme

9. En quoi les relations entre hommes et femmes sont-elles surprenantes pour un Occidental ?

10. Quel est le type de médecine qui est décrit dans les chapitres 118 et 119 ? Faites une recherche documentaire sur des guérisons similaires. En quoi le récit de Marco Polo est-il à la fois précis et extraordinaire ?

ÉCRIRE

11. Un médecin occidental du Moyen Âge assiste à la guérison d'un malade à la suite des pratiques des enchanteurs. Écrivez ses réactions face à ce spectacle.

Chapitre 121
Récit de la bataille entre le Grand Khan et le roi de Birmanie.

Quand le capitaine de l'armée des Tartares apprit de manière sûre que [le roi de Birmanie] venait l'attaquer avec autant de gens, il s'inquiéta car il n'avait que douze mille hommes à cheval. Mais assurément, il était très vaillant en armes, sage, expérimenté en guerres et en batailles et très bon chef d'armée. Il s'appelait Narsrudin. Il mit ses gens en ordre de bataille, leur fit un discours et s'efforça de bien défendre le pays, son armée et lui-même, et il avait beaucoup d'excellents soldats avec lui. Pourquoi en dire plus ? Sachez que l'armée des Tartares avec ses douze mille cavaliers bien montés arriva à la plaine de Baosham et que tous attendirent leurs ennemis en ordre de bataille. Tout se fit avec beaucoup de bon sens grâce au grand chef qu'ils avaient, car, à côté de cette plaine, il y avait un très grand bois. Comme vous l'avez entendu, les Tartares attendaient leurs ennemis dans cette plaine.

Arrêtons maintenant de parler des Tartares, car nous y reviendrons bientôt, et parlons plutôt de leurs ennemis. Sachez donc que quand le roi de Birmanie se fut reposé avec son armée, il se mit en route et arriva à la plaine de Baosham, là où les Tartares les attendaient. Quand ils furent à un mille de leurs ennemis, le roi fit préparer ses éléphants, qui transportaient des hommes en armes postés dans des tourelles et prêts à combattre, et il dirigea ses cavaliers et ses fantassins avec beaucoup d'expérience, en roi sage qu'il était. Une fois tout cela fait, il se mit en route pour livrer bataille. Quand les Tartares les virent venir, ils ne montrèrent aucun signe d'étonnement et s'avancèrent vers eux, tous ensemble, en ordre et sagement. Quand la bataille fut sur le point de commencer, les chevaux des Tartares, voyant les éléphants, eurent si peur qu'ils ne purent ni les maîtriser, ni s'avancer vers leurs ennemis et ils durent faire marche arrière. Le roi et ses gens, quant à eux, continuèrent à fondre sur eux.

Chapitre 122
Suite de la bataille.

Quand les Tartares se rendirent compte de la situation, ils furent très irrités, sans pour autant savoir quoi faire, car ils voyaient bien qu'ils ne pouvaient plus faire avancer leurs chevaux à moins d'être vaincus. Mais leur chef agit en homme sage, car il avait réfléchi à tout. Il ordonna aussitôt que chacun mît pied à terre et attachât son cheval dans le bois proche : tous devaient prendre leurs arcs, dont les Tartares savent se servir mieux que personne au monde. Ils tirèrent tant sur les éléphants et les hommes qui avançaient toujours que, très vite, ils en tuèrent et en blessèrent beaucoup. Leurs adversaires eux aussi tiraient sur les Tartares, mais ces derniers étaient mieux armés et savaient mieux manier l'arc qu'eux. Que vous dire ? Quand les éléphants sentirent la douleur des blessures provoquées par les traits qui leur arrivaient en si grand nombre, comme une pluie, ils firent demi-tour. Pour rien au monde ils n'auraient continué à avancer sur les Tartares, et ils s'enfuirent en faisant un si grand bruit et un tel vacarme qu'on aurait cru que tout le monde allait tomber dans un abîme. Les éléphants se précipitèrent dans le bois, se dispersant et rompant leurs tourelles, détruisant et ravageant tout.

Quand les Tartares virent que les éléphants avaient pris la fuite et qu'ils ne retourneraient plus à la bataille, ils montèrent très vite sur leurs chevaux et frappèrent leurs ennemis avec acharnement à coups d'épée et de masse. Ainsi, les combattants se donnaient de grands coups. Les gens du roi de Birmanie étaient beaucoup plus nombreux que les Tartares, mais ces derniers étaient meilleurs et plus expérimentés qu'eux au combat, car sinon, les Tartares, qui étaient inférieurs en nombre, n'auraient jamais pu leur résister. On pouvait voir des guerriers donner de grands coups d'épée et de massue, tuer des chevaux, des chevaliers et des sergents, couper des bras, des mains, des cuisses et des têtes. Beaucoup tombaient à terre, morts ou blessés, et jamais ils ne parvenaient à se relever tant il y avait de monde. Les cris et le vacarme étaient si grands de part et d'autre que l'on n'aurait pas entendu Dieu tonner. Ce fut une très grande bataille, très dure et très dangereuse pour les deux camps. Mais les Tartares eurent le dessus, et cette bataille fit le malheur du roi et de ses gens tant il y eut de tués.

À midi, les gens du roi de Birmanie ne purent plus supporter la force des Tartares et prirent la fuite. Quand les Tartares les virent en déroute, ils les pourchassèrent, les tuant et les abattant si cruellement que c'était stupéfiant. Quand ils les eurent longuement pourchassés, ils abandonnèrent la poursuite, revinrent sur leurs pas et entrèrent dans le bois pour capturer les éléphants. Il leur fallut couper de grands arbres pour les prendre. Ils n'auraient pu le faire s'ils n'avaient pas été accompagnés de prisonniers du camp ennemi qui, eux, savaient comment les capturer, parce que les éléphants sont des animaux très intelligents. Ainsi, ils en capturèrent plus de deux cents. Après cette bataille, le

Grand Khan commença à avoir beaucoup d'éléphants. Voilà comment le roi de Birmanie fut vaincu par l'intelligence et la maîtrise des Tartares, comme vous pouvez l'entendre.

[Suit la description d'un lieu où se tiennent les marchés, avant l'entrée en Birmanie et la cité de Pagan avec ses deux tours, l'une en or et l'autre en argent. Puis le narrateur s'intéresse au Bengale, au haut Tonkin où les gens sont tatoués, au bas Yunnan, au Yunnan oriental et à la province d'Yibin. Ce sont ensuite le pays de Hejian et la cité de Cangzhou, puis les villes de Dezhou, Dongping conquise par le Grand Khan, Jining, Xushou, Peixian à l'entrée du pays de Mangi et Suquian.]

CHAPITRE 138
La conquête du pays de Mangi par le Grand Khan.

Il est vrai que dans la grande province du Mangi, il y avait un seigneur qui s'appelait Fils-du-ciel : c'était un très grand roi, puissant en richesses, en terres et en gens, si bien qu'il y en avait peu au monde de plus grand que lui, excepté le Grand Khan. Mais sachez que les habitants de ce pays n'étaient pas des soldats, car tout leur plaisir venait des femmes, et le roi plus que les autres. Il n'avait d'autre préoccupation que les femmes et les pauvres. Sachez que, dans toute sa province, il n'y avait pas un cheval et que les habitants n'avaient pas l'habitude des batailles, des armes et de la guerre. Ce pays de Mangi est en effet très bien protégé naturellement : toutes les villes sont entourées de fossés d'eaux profondes plus larges que la portée d'une arbalète – ainsi ce peuple, s'il avait été soldat, n'aurait jamais perdu ses cités, mais c'est pourtant ce qui arriva – et on entre dans toutes leurs cités par un pont.

Or il arriva qu'en l'an 1268, le Grand Khan qui régnait, c'est-à-dire Khoubilaï, envoya l'un de ses officiers qui s'appelait Baïan Cincsan, ce qui signifie « Baïan-aux-cent-yeux ». Sachez que le roi de Mangi avait appris par ses astrologues qu'il ne pourrait perdre son royaume qu'à cause d'un homme qui aurait cent yeux. Aussi se croyait-il en sécurité, ne pouvant penser qu'un homme pouvait en avoir autant naturellement, mais il se trompait car il ne connaissait pas le nom de cet officier. Ce Baïan avait beaucoup d'hommes que le Grand Khan lui avait donnés, en particulier des cavaliers, mais aussi des fantassins. Il s'en alla à Mangi avec une grande quantité de gens et de bateaux pour transporter les cavaliers, les fantassins et tout le nécessaire. Quand il arriva avec son armée à l'entrée du Mangi, c'est-à-dire à l'entrée de la cité de Huaian, où nous sommes maintenant et dont nous vous parlerons ensuite, il dit aux habitants qu'ils devaient se rendre au Grand Khan, son seigneur. Eux lui répondirent qu'ils n'en feraient rien. Quand Baïan vit cela, il avança et trouva encore une autre cité qui ne voulait pas se rendre, puis il avança encore, parce qu'il savait que le Grand Khan lui envoyait une grande armée en renfort. Que vous dire ? Sachez qu'il se rendit dans cinq cités : il n'en prit aucune, parce qu'il ne voulait pas se battre et que les habitants ne voulaient pas se rendre. La sixième cité fut prise de force, puis il en prit une autre, une troisième, une quatrième et s'empara finalement de douze. Une fois ces cités prises, il alla à la capitale du royaume nommée Hangzhou, là où se trouvaient le roi et la reine. Quand le roi vit Baïan avec une si grande armée, il prit peur, en homme qui n'était pas habitué à voir ce spectacle. Il embarqua avec mille navires et beaucoup de gens et s'enfuit dans les îles de l'océan Indien. La reine, qui était restée dans la ville, s'efforçait de la défendre comme elle pouvait, en vaillante dame qu'elle était. Il arriva qu'un jour elle demanda comment s'appelait celui qui commandait cette armée : on lui fit dire qu'il se nommait Baïan-aux-cent-yeux. Quand la reine entendit son nom, elle se souvint des astrologues qui disaient qu'un homme aux cent yeux devait leur enlever le royaume, et elle se rendit aussitôt. Après la reddition de la reine et de la capitale, tout le royaume fit de même, cités et villages, et les habitants ne se défendirent pas.

Certes, ce fut une grande conquête, car je vous dis que, dans l'univers entier, personne n'avait de royaume qui valût la moitié de celui-là. Sachez en effet que le roi avait un trésor si démesurément grand que c'était une grande merveille. Et je vais vous parler de quelques aspects de son prestige. Il faisait nourrir au moins vingt mille petits enfants chaque année, et voici comment : dans ce pays, on jetait les enfants dès leur naissance, c'est en tout cas ce que faisait le petit peuple, qui ne pouvait pas les nourrir. Le roi les recueillait tous, faisait écrire sous quel signe et sous quelle planète chacun était né et les nourrissait. Quand un homme riche n'avait pas d'enfant, il allait auprès du roi et s'en faisait donner autant qu'il voulait. Quand les autres enfants étaient grands, le roi les mariait entre eux et leur donnait tant de biens qu'ils pouvaient vivre à leur aise. Ainsi élevait-on chaque année vingt mille enfants, de sexes masculin et féminin. Le roi faisait aussi une autre bonne action : quand il chevauchait dans la cité et qu'il voyait une petite maison, il demandait pourquoi elle était si petite, et si on lui disait que c'était celle d'un pauvre homme qui n'avait pas les moyens d'en avoir une plus grande, semblable aux autres, il ordonnait de la rendre aussi belle et aussi grande que les autres et payait les dépenses. Et s'il arrivait que la petite maison appartienne à un homme riche, il lui demandait de la faire rehausser immédiatement. Par sa volonté, il n'y avait dans la capitale du royaume de Mangi, qui avait nom Hangzhou, aucune maison qui ne soit belle ou grande, sans parler des grands palais et des grandes demeures qui étaient nombreuses dans la cité.

Ce roi se faisait servir par plus de dix mille jeunes hommes et jeunes filles qui étaient tous vêtus de beaux et luxueux vêtements : il menait ainsi une vie de magnificence, de grand confort et de délices. Il gouvernait sa cité de manière si juste que l'on n'y trouvait personne qui agît mal. La cité était si sûre qu'on laissait les portes des maisons ouvertes la nuit ainsi que les boutiques et les halles, pourtant remplies de marchandises très chères. On ne saurait raconter toutes les richesses et toute l'excellence de ce pays.

Maintenant que je vous ai parlé du royaume, je vais vous parler de la reine qui fut menée auprès du Grand Khan. Quand il la vit, il la fit servir avec beaucoup d'honneurs, en grande dame qu'elle était. Mais jamais son mari, le roi, ne revint des îles, et il y mourut. Aussi nous arrêterons de parler de lui, de la reine, sa femme, et de ce sujet, et nous reviendrons à la description de la grande province de Mangi, des us et coutumes de ses habitants, et nous le ferons de manière ordonnée. Nous commencerons par le commencement, c'est-à-dire par la ville de Huaian, là d'où nous sommes partis pour vous raconter comment la capitale du Mangi fut conquise.

[Plusieurs cités sont ensuite décrites : Huaian, Baoying, Gaoyou, Taizhou, Yangzhou. Puis c'est le pays de Kaï-Feng.]

CHAPITRES 121 À 138

SITUER

Après la description des pays de l'Est, le narrateur* reprend le récit des conquêtes du Grand Khan.

RÉFLÉCHIR

STRUCTURE : conquérir

1. Chapitres 121 et 122 : indiquez les différentes étapes du récit*.

2. Relevez la phrase du chapitre 121 qui annonce la victoire future du Grand Khan.

GENRES : le récit de bataille

3. Comparez les récits de bataille. Quelles étapes sont mises en évidence dans chacun d'entre eux ? Pourquoi ne sont-ce pas les mêmes ?

4. Au chapitre 138, quel rôle joue le nom de l'officier tartare ? Peut-on parler d'une bataille ordinaire ?

PERSONNAGES : les rois et la guerre

5. Comment le récit de bataille met-il en évidence les qualités guerrières des Tartares ?

6. Relevez les qualités et les défauts du roi du pays de Mangi et comparez-le au Grand Khan. Selon Marco Polo, s'agit-il d'un bon roi ?

THÈMES : la guerre

7. Pourquoi les combattants ennemis sont-ils décrits aussi longuement au chapitre 121 ?

8. Quels éléments marquent l'exotisme* dans les deux récits ?

9. Pourquoi n'y a-t-il pas de récit de la conquête proprement dite ?

ÉCRIRE

10. À la fin du chapitre 138, la reine du pays de Mangi est présentée au Grand Khan (p. 118, l. 103-104). Écrivez le dialogue entre les deux personnages.

Chapitre 145
La province et la ville de Siang-Yang.
Sa prise par des engins de guerre
qui furent dressés devant.

Siang-Yang est une grande cité illustre qui a sous son autorité douze autres grandes cités. On y fait beaucoup de commerce et d'artisanat. Ses habitants sont idolâtres, font brûler leurs morts, ont une monnaie de papier et sont sujets du Grand Khan. Ils possèdent beaucoup de soie dont ils font de très belles étoffes rehaussées d'or et ont beaucoup de gros gibier. La cité possède tout ce qu'une grande ville doit avoir. Sachez qu'elle résista trois ans après la reddition du Mangi. L'armée du grand seigneur était pourtant très grande, mais on ne pouvait assiéger cette cité que d'un côté, c'est-à-dire par le nord. Les autres côtés étaient protégés par de grands lacs profonds, d'où les assiégés tiraient des victuailles et toutes sortes de choses à volonté sans qu'on puisse les en empêcher. Je vous assure que jamais on ne l'aurait prise sans l'épisode que je vais vous raconter.

Sachez que, quand les armées du seigneur eurent assiégé la cité pendant trois ans sans pouvoir la prendre, le seigneur en fut très irrité. Alors messire Niccolo Polo, son frère messire Maffeo et messire Marco, fils de messire Niccolo, ceux par qui ce livre est écrit, dirent qu'ils trouveraient un moyen pour obliger la cité à se rendre. Le Grand Khan en fut très heureux et dit qu'il le voulait très volontiers, et que cela lui ferait grand plaisir. Messire Niccolo, messire Maffeo et messire Marco dirent alors qu'ils construiraient une machine qui permettrait la prise de la cité et sa reddition par la force : cette invention s'appelait baliste ; c'était un très bel engin, très remarquable, qui permettrait de lancer des pierres si grandes et si grosses et de si loin qu'elles détruiraient toute la ville. Quand le grand seigneur, les autres officiers qui étaient autour de lui, mais aussi les messagers de l'armée du seigneur, qui étaient venus là pour lui annoncer que la cité ne voulait pas se rendre, entendirent ces paroles, ils furent tous très étonnés parce que dans ce pays, je vous l'assure, on ne savait pas ce qu'étaient une baliste, une machine de guerre et un trébuchet[1], car on n'en utilisait pas. Tous s'en réjouirent et en furent très contents. Le grand seigneur dit aux deux frères et à messire Marco de la faire construire au plus vite. Le Grand Khan et ceux qui étaient là désiraient fortement voir ces machines, surtout parce que cette invention leur était étrangère et que jamais ils n'en avaient vu. Puis les trois hommes firent venir une grande quantité du bois qui convenait à ce travail.

Sachez qu'ils avaient avec eux deux hommes qui étaient de leur maison et qui avaient quelques connaissances dans ce domaine – l'un était un chrétien nestorien, l'autre un Allemand d'Allemagne et chrétien. Ainsi ces deux-là et les trois autres firent construire trois machines très belles et très grandes. Chacune d'entre elles pouvait jeter une pierre de plus de trois cents livres et on les voyait voler très loin. Quand ces engins furent faits et livrés, le seigneur et les autres furent contents de les voir et firent jeter des pierres devant eux. Cela les émerveilla grandement, et ils louèrent beaucoup ce travail. Le seigneur commanda que les machines soient vite apportées à l'armée qui assiégeait la cité. On les fit dresser et elles étaient pour les Tartares la plus grande merveille du monde, parce qu'ils n'avaient jamais rien

---

1. Trébuchet : autre machine de guerre qui permet de lancer de gros projectiles.

vu de semblable. Que vous dire ? Quand les machines furent dressées, elles furent tendues et lancèrent chacune une pierre sur la cité. Les pierres frappèrent les maisons, les brisèrent et détruisirent tout en faisant un grand fracas. Quand les gens de la cité découvrirent leur mésaventure – car jamais ils n'avaient rien vu ni entendu de tel –, ils furent stupéfaits et se demandèrent ce que cela pouvait être. Ils furent très épouvantés et se concertèrent, mais ils ne savaient pas comment se défendre de ces grosses pierres qui étaient lancées sur eux par enchantement, car c'est ce qu'ils croyaient. Ils se virent si mal partis qu'ils se voyaient déjà morts. D'un commun accord, ils décidèrent de se rendre sans condition et envoyèrent des messagers au seigneur de l'armée. Ainsi firent-ils dire à leurs ennemis qu'ils voulaient se rendre au Grand Khan, comme les autres cités du pays l'avaient fait. Le Grand Khan en fut très heureux et leur fit savoir en retour qu'il acceptait leur offre. Ils se rendirent en effet et furent traités comme les habitants des autres cités. Voilà ce qui arriva grâce à messire Niccolo, messire Maffeo, son frère, et messire Marco Polo, le fils de messire Niccolo, comme vous l'avez entendu. Ce ne fut pas rien. Sachez que cette cité et ce pays faisaient partie – et c'est toujours le cas – des meilleures possessions du Grand Khan qui en retire toujours de grands profits et de grands bénéfices. Nous vous avons dit comment cette cité s'est rendue grâce aux engins que construisirent les trois hommes nommés plus haut. Laissons ce sujet pour parler d'une autre cité qui s'appelle Yizheng.

[Sont ensuite décrites les cités de Yizheng, Guazhou, Zhenjiang, Changzhou et Suzhou.]

Chapitre 151
Description de l'illustre cité de Hangzhou, la capitale du Mangi.

Quand on quitte la cité de Chang-An, on chevauche trois jours et on passe par des villes et des villages de grande importance. Après cette chevauchée de trois jours, on arrive à la noble cité de Hangzhou, ce qui signifie en français « la cité du ciel ». Puisque nous y sommes, je vais vous raconter combien elle est magnifique, en reprenant ce que la reine écrivit à Baïan, qui conquit le pays, afin qu'il le transmette au Grand Khan et que celui-ci réalise l'importance de la cité et ne la détruise pas. Ce que cette lettre disait, je vous le raconterai conformément à la vérité et à ce que messire Marco Polo vit et apprit. Selon cet écrit, la cité est si grande qu'elle s'étend sur cent milles de tour. Il y a douze mille ponts de pierre : sous chacun de ces ponts, ou sous la plupart, on pourrait faire passer un navire. Que personne ne s'étonne s'il y a tant de ponts, car la cité, je vous le dis, est entièrement construite sur l'eau et en est environnée : tous ces ponts sont donc indispensables. En outre, selon cet écrit, il y avait douze métiers dans cette cité, chacun mis en œuvre dans douze mille boutiques, c'est-à-dire douze mille maisons, et, dans chaque boutique, il y avait au moins dix hommes, parfois vingt, parfois quarante. Ils n'étaient pas tous maîtres, mais la plupart étaient des ouvriers sous les ordres d'un maître. Et s'il en fallait tant, c'est que beaucoup de cités se fournissaient auprès de cette ville. Dans cet écrit, il était dit aussi que les marchands y étaient si nombreux et si puissants et qu'ils y faisaient tant de commerces que personne ne pouvait en connaître le nombre exact. Sachez que les grands maîtres de ces boutiques et leurs femmes ne touchaient à rien de leurs propres mains, et qu'ils demeuraient aussi propres et richement habillés que s'ils avaient été rois. Par décret du roi, nul ne devait faire un métier différent de celui de son père, même s'il possédait le monde entier comme fortune.

Au sud de la ville, mais à l'intérieur, il y a un grand lac qui fait environ trente milles de tour. Il est bordé de beaucoup de beaux palais, de maisons si extraordinairement belles et riches qu'elles ne pourraient pas l'être davantage ; elles appartiennent aux nobles et aux grands de la cité. On trouve aussi autour du lac beaucoup d'abbayes et d'églises d'idoles. Au milieu se trouvent deux îles, et sur chacune d'elles un palais très grand, très luxueux et magnifique, et ces deux palais sont si beaux qu'on pourrait croire qu'ils appartiennent à un empereur. Quand les gens veulent célébrer de grandes noces ou faire une grande fête, ils se rendent dans l'un de ces palais car ils y trouvent tout le nécessaire, équipements, vaisselle et toute autre chose utile selon leurs coutumes pour faire la fête. En outre, il y a dans la cité beaucoup de belles demeures qui ont de grandes et hautes tours, qui sont faites de belles pierres, et où l'on porte tous les équipements de la ville et des gens quand un incendie se déclare, car il y a très souvent le feu dans la cité à cause des nombreuses maisons en bois. D'autre part, ses habitants sont idolâtres. Depuis que la cité est conquise, ils sont sujets du Grand Khan et ont une monnaie de papier. Sachez qu'ils mangent toutes les viandes, du chien et d'autres bêtes viles qu'un chrétien ne goûterait pour rien au monde. Sachez que, depuis que le Grand Khan possède la cité, il a ordonné la garde de chacun des douze mille ponts nuit et jour par dix hommes pour que personne ne l'attaque ou ne soit assez audacieux pour penser à le trahir ou se rebeller contre lui. Sachez encore que dans la cité, il y a une colline surmontée d'une tour, et que sur cette tour il y a une planche de bois. Chaque fois que le feu prend dans la cité ou quelle que soit l'alerte, un homme frappe avec un marteau sur la planche. On l'entend de très loin afin que chacun, en entendant la planche résonner, sache qu'il y a le feu ou un autre danger.

Sachez que le Grand Khan fait garder cette ville avec soin parce qu'elle est la capitale du royaume de Mangi et qu'elle recèle de grandes richesses et de grands trésors. Le seigneur en tire beaucoup de profit et y prélève des impôts si élevés que personne ne pourrait le croire en l'entendant. On craint aussi des rébellions. Sachez que les rues sont toutes pavées de bonnes pierres, tout comme les routes et les sentiers de tout le pays de Mangi : aussi peut-on aller partout sans se salir. C'est que la province de Mangi est si peu praticable que, si les routes n'étaient pas pavées là où c'est nécessaire, certains endroits ne seraient accessibles ni à pied, ni à cheval. Sachez en outre que dans cette ville de Hangzhou, il y a bien trois mille bains où les gens vont souvent et pour leur plus grand plaisir. Sachez-le, plus de cent personnes peuvent s'y baigner au même moment et sans inconvénient.

En outre, sachez que près de cette ville, à vingt-cinq milles entre l'est et le nord-est, au bord de l'océan Indien, il y a une ville qui a pour nom Ganpu, qui a un si bon port que beaucoup de grands navires d'Inde et d'ailleurs y accostent, tous chargés de marchandises raffinées et de grande valeur. Et de la cité de Hangzhou jusqu'à ce port maritime, il y a un grand fleuve sur lequel des navires, chargés à volonté, vont et viennent, et ce fleuve traverse beaucoup d'autres villes.

[Suit la répartition du pays de Mangi en neuf parties.]

100 J'ajoute que tous les habitants du Mangi ont cette habitude : dès qu'un enfant naît, ils font écrire le jour, l'heure, le moment de sa naissance, la planète et le signe sous lesquels il est né, afin que chacun puisse connaître son thème astral. Quand quelqu'un veut 105 aller quelque part, il va voir les astrologues et leur donne son thème, et ils lui disent s'il est bon de voyager ou non. Si ce n'est pas le cas, on diffère son voyage jusqu'à ce qu'il soit bon de partir. J'ajoute que leurs astrologues sont de grands maîtres experts 110 en leur art, et que leurs prédictions sont si souvent justes que les gens ont grande confiance en eux. Les gens font brûler leurs morts. Quand l'un d'entre eux meurt, ses parents et ses amis prennent le deuil : les parents s'habillent de chanvre et tous suivent le corps 115 au son de grands instruments, en chantant des prières pour leurs idoles. Quand ils arrivent à l'endroit où le corps doit être brûlé, ils dessinent des chameaux et des esclaves des deux sexes sur des feuilles de papier qu'ils jettent dans le bûcher afin qu'elles brûlent avec 120 lui. Ils disent que le corps mort pourra ainsi disposer de tous ces biens dans l'autre monde, que la musique des instruments et des chants le suivront dans l'autre monde, et que l'idole même viendra à sa rencontre au son des instruments pour lui faire honneur.

125 On peut voir aussi dans cette cité le palais du roi, seigneur du Mangi, qui s'est enfui. C'est le plus beau et le plus magnifique du monde, et je vais vous le décrire. Sachez qu'il est si grand qu'il fait environ dix milles de tour et qu'il est entouré de beaux murs tout

crénelés. À l'intérieur de ces murs, il y a le plus beau et le plus délicieux jardin qui soit au monde, et il est rempli des meilleurs fruits du monde. Il y a aussi beaucoup de fontaines et beaucoup de lacs remplis de poissons, et au milieu se trouve le palais qui est très beau et très grand, et qui a vingt salles, belles et grandes : l'une d'entre elles est plus grande que les autres, et beaucoup de gens pourraient manger à l'intérieur. Elle est entièrement décorée d'or : tous les plafonds et tous les murs sont peints avec de l'or et de multiples décorations. Elle est si belle à voir que c'est une splendeur. Sachez aussi que dans ce palais, il y a bien mille chambres, toutes belles, grandes et elles aussi peintes avec de l'or et différentes couleurs. Sachez aussi qu'il y a cent soixante *tumens* de foyers, c'est-à-dire cent soixante *tumens* de maisons, et le *tumen* est égal à dix mille, ce qui fait au total un million six cent mille maisons, dont une grande quantité de palais splendides, grands et beaux. Il y a aussi une église de nestoriens dans cette cité.

Je vais encore vous parler d'une chose. Sachez que les bourgeois de la cité, ainsi que toutes les personnes qui y logent, ont l'habitude d'écrire sur leur porte leur nom, les noms de leur femme et de leurs enfants, de leurs esclaves des deux sexes et de tous ceux qui résident dans la maison, même les bêtes. S'il arrive que l'un d'entre eux meurt, on efface son nom, et si quelqu'un naît, on le fait ajouter par des écrivains, si bien que le seigneur sait toujours combien d'habitants il y a dans chaque cité. Il en est ainsi dans tout le pays de Mangi et de Catay. Je vous dis en outre que tous les hôteliers de ces deux pays ont pour usage, sur ordre du seigneur, d'écrire le nom de tous ceux qui viennent se loger chez eux, ainsi que le jour, la semaine et le mois de leur visite, si bien que le Grand Khan sait toujours qui va et vient dans ses provinces. Certes, c'est une mesure qui convient bien à un homme sage. Je vous ai raconté tout, ou presque, ce qui concerne la cité de Hangzhou, capitale de tout le pays de Mangi. Je n'y reviendrai plus. Mais maintenant, je vais vous parler de la grande rente que le Grand Khan perçoit tous les ans de la cité et de cette seigneurie, qui est l'une des neuf parties du pays de Mangi, comme vous pourrez l'entendre.

[Le récit décrit la rente que reçoit le Grand Khan, puis la cité de Jiande et la cité de Fuzhou, remarquable par ses jardins et ses médecins.]

CHAPITRE 156
Méthode d'exposé.

[Après la description de la cité de Quanzhou, qui sert de port pour toutes les marchandises qui viennent de l'Inde, et celle de Longquan, où l'on fabrique de la porcelaine, le récit s'arrête.]

Nous ne vous avons parlé que de trois royaumes du Mangi : Hangzhou, Fuzhou et Yanghzou, et vous nous avez bien compris. Nous pourrions aussi vous décrire les six autres royaumes ; mais parce que ce serait un sujet trop long, nous nous tairons. Vous connaissez maintenant tout de ce qui concerne la Chine, le Mangi et les autres pays dont parle notre livre dans un exposé très clair et très méthodique, en prenant les choses les unes après les autres et sans nous tromper.

10 Vous connaissez aussi les mœurs des gens, les différentes marchandises qui vont et viennent dans ces pays, tout l'or et tout l'argent qui y fructifient, et toutes les autres richesses, comme vous l'avez entendu. Notre livre n'est pas encore terminé, et nous avons encore
15 des choses à raconter, notamment tout ce qui concerne les Indiens et l'Inde, et qui mérite d'être connu de ceux qui n'en savent rien. Il y a là en effet diverses choses <u>extraordinaires</u> qui n'existent pas dans le reste du monde. Pour cette raison, il est bon et utile que
20 nous en parlions dans notre livre afin qu'il soit plus beau et plus <u>exotique</u>. Mais il s'agit de faits vrais, sans mensonges, et nous les exposerons clairement, tels que messire Marco Polo les raconte, parce qu'il connaît bien le sujet. Il est resté si longtemps en Inde,
25 il y est allé et en est revenu tant de fois, il y a cherché et demandé tant de choses qu'il connaît presque tout des us et coutumes et des marchandises de ses habitants. Je vous l'affirme en effet, jamais un homme seul n'eut autant de connaissances, ni n'en vit jamais
30 autant que lui. […]

CHAPITRES 145 À 156

SITUER

Le narrateur* s'arrête longuement sur une conquête du Grand Khan où Marco Polo a joué un rôle essentiel, puis il reprend sa description après avoir expliqué sa méthode.

RÉFLÉCHIR

GENRES : raconter

1. « Comme vous l'avez entendu » (p. 122, l. 82-83) ; « Comme vous pourrez l'entendre » (p. 128, l. 174) : quel type de récit supposent ces expressions ?

2. Quelle fonction joue le chapitre 145 dans la description géographique ?

QUI PARLE ? QUI VOIT ? Héros ou narrateur ?

3. Qui parle dans la phrase : « cette invention s'appelait baliste [...] qu'elles détruiraient toute la ville » (p. 120-121, l. 27-31).

4. Qui décrit dans le chapitre 151 ? En quoi cette mention change-t-elle le regard porté sur la ville ?

PERSONNAGES : supériorité des chrétiens

5. Par quelles expressions le narrateur met-il en évidence le rôle des frères Polo et de Marco dans le siège de Siang-Yang ? En quoi est-ce un éloge de l'Occident chrétien ?

6. Le statut du Grand Khan dans les chapitres est-il toujours identique ? En quoi le chapitre 151 est-il en rupture par rapport aux autres ?

THÈMES : merveille et orientalisme

7. Qu'est-ce qui vous paraît le plus étonnant dans le chapitre 151 ?

8. Quel effet procure l'importance des nombres dans l'ensemble des chapitres ?

ÉCRIRE

9. À partir d'une recherche documentaire sur les balistes, écrivez une fiche explicative sur le montage d'un tel engin.

FAIRE LE POINT — L'EMPIRE DU GRAND KHAN

La description alterne avec de nombreux récits de bataille. Mais leur évocation marque les différences avec le monde occidental.

GENRES : conter la bataille

1. Relevez les points communs et les différences entre les deux récits de bataille dans les chapitres 121, 122 et 145.

2. Relevez les expressions qui signalent la fin de la bataille dans chaque récit. Quelle prise de position du narrateur* indiquent-elles ?

ESPACE ET TEMPS : se déplacer dans l'espace et le temps

Les indications temporelles et spatiales sont très présentes, à la différence de la pause descriptive de la cour du Grand Khan. Mais elles sont des indices à la fois de l'organisation d'ensemble du texte et du type de développement.

3. Relevez les indications temporelles dans l'ensemble des chapitres. Quelle rupture marquent les dates dans la progression de la description ?

4. Pourquoi certaines indications temporelles sont-elles associées à celles de l'espace ?

PERSONNAGES : guerriers et marchands

Plusieurs groupes de personnages apparaissent clairement et ne subissent pas le même traitement de la part du narrateur : Marco Polo et sa famille, le Grand Khan, les Tartares, Baïan-aux-cent-yeux, les habitants des pays.

5. Dans le chapitre 145, quelles sont les deux fonctions de Marco Polo ? Le Grand Khan apparaît-il aussi puissant ?

6. Qu'est-ce qui différencie les habitants des différents pays évoqués ?

THÈMES : l'orientalisme

Les récits de bataille comme les descriptions des pays mettent en évidence l'éloignement et l'étrangeté par les scènes évoquées, les éléments présents ou les noms.

7. Relevez les noms des personnages qui marquent l'exotisme*. Quelles fonctions jouent-ils dans les différents chapitres ?

8. « Il y a là en effet diverses choses extraordinaires qui n'existent pas dans le reste du monde. Pour cette raison, il est bon et utile que nous en parlions dans notre livre afin qu'il soit plus beau et plus exotique » (p. 129, l. 17-21)). Relevez plusieurs scènes qui correspondent à cette affirmation.

Maître de Boucicaut, *Scène de naufrage*, XVᵉ siècle,
miniature extraite d'un manuscrit ayant appartenu à Jean de Berry.
Paris, Bibliothèque nationale de France.

LE LIVRE DE L'INDE
RETOUR VERS LE NORD

CHAPITRE 157
Commencement du livre sur l'Inde et description de ses merveilles et des usages des habitants.

Parce que vous avez entendu parler de tous ces pays, nous laisserons ce sujet et entrerons en Inde pour vous raconter toutes les merveilles qui s'y trouvent. Nous commencerons d'abord par les navires sur lesquels les marchands vont et viennent dans les îles de l'Inde. Sachez qu'ils sont faits d'un bois nommé *sapin* ou *able*. Ils n'ont qu'un seul pont et, sur chaque bateau, il y a de cinquante à soixante chambres, et chaque marchand séjourne confortablement dans la sienne. Ces navires ont seulement un timon[1] et quatre mâts, mais il y en a deux supplémentaires qui peuvent être ajoutés ou retirés à volonté. Leur coque est doublée d'une deuxième série de planches fixée à la première avec des clous en fer, et ils sont entièrement passés à la chaux, à l'intérieur comme à l'extérieur. Ils ne sont pas passés à la poix parce qu'ils n'en ont pas, mais on les enduit avec un produit qui vaut bien la poix. Pour le fabriquer, on prend de la chaux vive et du chanvre haché menu que l'on mélange ensemble, puis on y ajoute de l'huile d'arbre. On enduit les bateaux avec ce mélange, ce qui les rend très solides.

[Le narrateur décrit ensuite le système de répartition des tâches entre bateaux, barques et canots.]

---

1. **Timon :** barre de gouvernail sur un bateau.

Je vous ai parlé de l'organisation de leurs bateaux qui vont et viennent sur la mer, transportant les marchands et leurs grandes marchandises sur l'océan Indien et à travers les îles de l'Inde. Nous vous parlerons de plusieurs îles qui sont sur cette mer où nous nous trouvons maintenant, les îles de l'Est, et tout d'abord de celle que l'on appelle le Japon.

[Le narrateur décrit le Japon et sa conquête rendue difficile par les dissensions entre Tartares. Le récit passe ensuite aux îles de Chine, du pays de Mangi et de l'Inde à la mer de Chine, l'Inde Mineure jusqu'au Telingana, la Cochinchine, les îles Poulo Condor, le Siam du Sud, Bintan et Sumatra.]

CHAPITRE 165
La petite île de Java.

[Après Sumatra, ses singes et ses licornes, très différentes de la description qu'on en fait en Occident, le récit décrit Dragoian.]

Quand on part du royaume de Sumatra, on arrive à celui de Dagroian. C'est un royaume indépendant et ses habitants possèdent leur propre langue. Ce sont des gens très sauvages, idolâtres et qui se disent sujets du Grand Khan. Je vais vous raconter une de leurs mauvaises coutumes. Quand l'un d'entre eux est malade et en danger de mort, ils font venir leurs enchanteurs et leur demandent si le malade va guérir ou non. S'ils prédisent qu'il doit guérir, on le laisse jusqu'à sa guérison, si c'est la mort qu'ils annoncent, des hommes sont chargés de le mettre à mort. Quand ils trouvent le malade, ils lui mettent tant de tissu dans la bouche qu'il étouffe. Une fois mort, on le fait cuire et tous ses parents se rassemblent et le mangent. J'ajoute qu'ils en sucent si bien les os qu'il ne reste ni trace de moelle, ni graisse à l'intérieur parce qu'ils disent que s'il reste quelque chose dans les os, des vers y naîtront et que ces vers mourront faute de nourriture. Selon eux, dans ce cas, l'âme du mort serait responsable de la mort de ces vers, et c'est pourquoi ils le mangent tout entier. Quand ils ont fini, ils rassemblent tous les os, les mettent dans de beaux coffrets et les emportent dans la montagne pour les pendre dans des cavernes où ni bête ni rien d'autre ne peuvent les atteindre. Sachez aussi que s'il passe un homme qui n'est pas de leur pays et qu'il ne peut payer de rançon, ils le tuent et le mangent aussitôt : c'est une coutume très mauvaise et très dangereuse. Je vous ai parlé de ce royaume, je vais vous parler d'un autre, comme vous pourrez l'entendre.

Quand on part de ce royaume de Dagroian, on en trouve un autre qui s'appelle Atjeh. Ses habitants se disent sujets du Grand Khan et sont idolâtres. Ils ont beaucoup de camphre et d'autres épices de toutes sortes. Ils ont aussi du brésil[1] en abondance, et je vous assure qu'ils le sèment. Quand il a atteint la taille d'une petite tige, ils le déterrent, le replantent dans un autre lieu et le laissent croître quatre ans, puis ils l'ôtent avec toutes ses racines. Sachez que messire Marco Polo apporta à Venise de cette graine du brésil et la fit semer. Mais rien ne poussa, et à mon avis, c'était parce que le lieu était trop froid. Sachez en outre que, dans ce royaume d'Atjeh, vivent des hommes qui ont une

---

1. **Brésil** : arbre d'essence tropicale dont le bois est utilisé comme teinture.

queue de la longueur d'une paume et qui n'est pas poilue. Ils demeurent dans les montagnes à l'état sauvage. Leur queue est aussi grosse que celle d'un chien. Ils ont beaucoup de licornes et de gibier.

[Suit la description de l'île de Fansour, de Weh, Nicobar et d'Andaman.]

CHAPITRE 168
Ceylan.

Quand on part de l'île d'Andaman et qu'on avance encore de mille milles vers l'ouest et d'un peu moins vers le sud-ouest, on atteint l'île de Ceylan, qui est la plus importante du monde par sa grandeur. Sachez qu'elle fait bien deux mille quatre cents milles de tour. Autrefois elle était encore plus importante, car elle s'étendait sur environ trois mille deux cents milles, d'après ce que l'on peut voir sur les cartes des bons marins qui ont navigué sur cette mer. Le vent du nord souffle si fort qu'une partie de l'île a été engloutie et c'est pourquoi elle n'est plus si grande qu'autrefois. Sachez que de là où souffle le vent du nord l'île est très basse et très plate. Quand on arrive de la haute mer avec un bateau, on ne peut voir la terre que quand on est dessus. Maintenant nous allons vous raconter et décrire ce qui se passe sur cette île. Ses habitants ont un roi qu'ils appellent Sendeman et ils ne paient de tribut à personne. Ils sont idolâtres et vont tout nus, mais ils couvrent leur sexe. Ils n'ont pas de blé, mais du riz et du sésame dont ils font de l'huile ; ils vivent de viande, de lait et de riz et font du vin avec ces arbres dont je vous ai parlé tout à l'heure. Ils ont beaucoup de brésil, le meilleur du monde.

Nous laissons tout cela pour vous décrire le trésor le plus grand du monde. Sachez en effet que c'est dans cette île qu'on trouve les rubis, et pas ailleurs, et aussi des saphirs, des topazes, des améthystes[1] et beaucoup d'autres pierres précieuses. Le roi de cette île a le plus beau et le plus gros rubis qui soit au monde, et je vais vous le décrire. Il est le plus brillant du monde, n'a aucun défaut et est rouge comme du feu. Il est d'une si grande valeur qu'on pourrait difficilement le payer avec de l'argent. Sachez que le Grand Khan envoya ses émissaires à ce roi pour lui demander d'avoir la courtoisie de lui donner ce rubis en échange de la valeur d'une de ses cités ou de tout ce qu'il voudrait avoir d'autre. Le roi lui répondit qu'il ne le vendrait pour rien au monde, parce qu'il appartenait jadis à l'un de ses ancêtres.

Les habitants ne sont pas soldats, mais petits et sans valeur. Quand ils ont besoin de soldats, ils en font venir d'une autre contrée et ces combattants sont musulmans. Sachez qu'il y a aussi une très grande et haute montagne à Ceylan. Elle est si abrupte et si escarpée que personne n'y peut monter, à moins de s'y prendre ainsi : on fait venir de grandes et grosses chaînes en fer et on les dispose de telle sorte qu'on puisse monter au sommet en les escaladant. On dit que sur cette montagne se trouve le tombeau d'Adam notre père. C'est ce que disent les musulmans, mais les idolâtres prétendent que c'est celui du premier idolâtre du monde qu'ils appellent Bouddha Sakyamouni. Ils disent que c'était le meilleur homme du monde et

---

1. **Saphir** : pierre précieuse transparente, généralement bleue ; **topaze** : pierre précieuse jaune orangé ; **améthyste** : pierre précieuse violette.

qu'il était saint selon leur usage. Il était, d'après eux, le riche fils d'un de leurs rois, et il menait une vie si pure qu'il ne voulait s'attacher à rien de ce monde et ne voulait pas succéder à son père. Quand son père vit que son fils ne voulait pas être roi et qu'il ne voulait s'attacher à aucun bien, il fut très fâché et le tenta en lui faisant beaucoup de promesses. Lui ne voulait rien : le père en éprouva beaucoup de douleur, surtout parce qu'il n'avait plus de fils à qui laisser son royaume à sa mort. Il fit construire un très beau palais, et à l'intérieur il fit mettre son fils, le fit servir par les jeunes filles les plus belles du monde. Il leur ordonna de jouer, de danser et de chanter jour et nuit avec lui afin que son cœur s'attachât aux biens de ce monde. Mais tout cela ne servit à rien, car son fils disait qu'il voulait aller chercher celui qui ne mourra jamais, et qu'il voyait bien que tout homme en ce monde, vieux ou jeune, doit mourir, et il n'agit pas autrement.

Une nuit, il sortit discrètement de son palais et s'en alla vers de hautes montagnes très écartées où il mena une existence vertueuse et rude, pratiquant l'abstinence comme s'il était chrétien, et s'il l'avait été, il aurait été un grand saint comme Notre Seigneur Jésus-Christ en raison de la vie pure et vertueuse qu'il menait. Quand il mourut, on en informa son père. Quand celui-ci le vit mort, lui qui l'aimait plus que lui-même, il faillit en perdre la raison. Il fit faire une statue à son image, en or et en pierres précieuses, et la fit adorer par tous ceux du pays, et tous disaient que c'était là un dieu. Ils le disent encore et ajoutent qu'il est mort quatre-vingt-quatre fois. La première fois qu'il mourut, il mourut homme, ressuscita et devint bœuf. Il mourut bœuf, ressuscita et devint cheval. C'est ainsi qu'on dit qu'il mourut quatre-vingt-quatre fois, devenant chaque fois une espèce animale. Selon leur croyance, la dernière fois qu'il mourut il devint dieu, et on le tient pour le plus grand dieu qu'on n'ait jamais eu. D'après eux, c'est par lui que fut faite la première idole que les idolâtres eurent, et d'elle que descendent toutes les autres idoles, et cela eut lieu dans l'île de Ceylan en Inde. J'ajoute que des musulmans viennent de très loin en pèlerinage en affirmant qu'il s'agit d'Adam. Les idolâtres viennent eux aussi de très loin pour prier leur saint avec dévotion, comme les chrétiens à Saint-Jacques en Galice. Il y avait aussi dans cette montagne les cheveux, les dents et l'écuelle de celui qui y vécut et qu'on appelle Bouddha Sakyamouni, ce qui signifie « saint Sakyamouni ». Qui il fut, Dieu seul le sait, car selon les Saintes Écritures de notre Église, le tombeau d'Adam n'est pas de ce monde.

Il arriva que le Grand Khan entendit dire que sur cette montagne il y avait le tombeau d'Adam, notre premier père, et qu'il y avait encore ses cheveux, ses dents et l'écuelle dans laquelle il mangeait. Il se demanda comment il pourrait l'avoir et envoya une très grande délégation en 1284. Les émissaires allèrent par terre et par mer et finirent par arriver à Ceylan. Ils se présentèrent devant le roi et réussirent à obtenir deux molaires, très grandes et très grosses, ainsi que des cheveux et l'écuelle où le saint mangeait, et qui est faite d'un très beau porphyre[1] vert. Quand les émissaires eurent obtenu ce qu'ils étaient venus chercher, il furent très heureux et retournèrent auprès de leur seigneur. Quand ils arrivèrent près de la grande cité de Pékin où était le Grand Khan, ils lui firent savoir qu'ils lui apportaient ce qu'il les avait envoyés chercher. En l'apprenant, le Grand Khan en eut une grande joie et

---

1. Porphyre : roche colorée.

demanda qu'on aille à la rencontre de ces reliques, car on lui avait laissé entendre que c'était celles d'Adam. Beaucoup de gens y allèrent en manifestant une grande dévotion, et le Grand Khan les reçut avec beaucoup de joie et organisa une grande fête. Voici le pouvoir qu'on attribuait à l'écuelle : si on mettait de la viande dedans pour un seul homme, on avait de quoi en nourrir cinq. Sachez que le Grand Khan essaya et vit que c'était la vérité. Vous savez maintenant comment le Grand Khan eut ces reliques, mais elles lui coûtèrent beaucoup d'argent. Vous savez aussi que ces reliques viennent du fils du roi. Rien de plus ne mérite d'être raconté, et c'est pour cette raison que nous avancerons jusqu'à Coromandel.

CHAPITRE 169
Description de la province de Coromandel que l'on appelle l'Inde Majeure et des grandes merveilles qui y sont. Comment les gens qui meurent sont brûlés et comment les femmes se jettent au feu avec leur mari.

Quand on quitte l'île de Ceylan et qu'on va à quarante milles à l'ouest, on trouve le grand pays de Coromandel, appelé Inde Majeure, et c'est là qu'est la véritable Inde, sur le continent. Dans ce pays, il y a cinq rois qui sont frères et je vous parlerai de chacun séparément. Ce pays est le plus illustre et le plus puissant au monde. À l'extrémité de ce royaume, un des cinq frères est roi et se nomme Sanderbandi Devar. Son royaume est plein de perles très grosses et très belles et je vais vous dire comment on les trouve. Sachez

CHAPITRES 157 À 168

SITUER

Après la description de l'Orient continental et des territoires directement soumis au pouvoir du Grand Khan, ce sont désormais les îles qui sont décrites : elles sont toutes considérées comme faisant partie de l'Inde.

RÉFLÉCHIR

STRUCTURE : visite de l'Inde

1. Pourquoi le Livre de l'Inde commence-t-il par une description des bateaux ?

2. Quel est le thème qui réunit ces différents chapitres ?

3. Dans le chapitre 168, indiquez les étapes du récit de la vie de Bouddha Sakyamouni. Comment s'appelle ce type de récit ?

QUI PARLE ? QUI VOIT ? Le regard de l'Occident

4. Dans le chapitre 165, relevez les expressions qui signalent un jugement de la part du narrateur*. À quel endroit de la description se trouvent-elles ? Pourquoi ?

5. Au chapitre 165, relevez les phrases où est nommé Marco Polo. Qui est désigné par le pronom « je » ?

PERSONNAGES : étranges habitants

6. Quels traits de caractère manifeste le Grand Khan au chapitre 168 ?

7. Quels sont les différents types d'habitants ? Quelle est leur caractéristique commune ? En quoi se distinguent-ils des peuples précédents ?

8. Relevez les adjectifs qui qualifient Bouddha Sakyamouni. Quels sont ses principaux traits de caractère ? En quoi s'oppose-t-il aux autres habitants de l'île ?

THÈMES : religion

9. Quelles sont les religions évoquées dans l'ensemble du chapitre ? Comment sont-elles qualifiées ?

10. Dans le chapitre 165, comparez la description du cannibalisme et les désignations de cette coutume. Le narrateur la condamne-t-il ?

11. Chapitre 168 : de quel type de religieux occidental Bouddha Sakyamouni est-il proche ? Que pense le narrateur de ce personnage ?

ÉCRIRE

12. Décrivez une île exotique à la manière de Marco Polo.

qu'il y a dans cette mer un golfe entre l'île de Ceylan et le continent. L'eau de ce golfe n'est profonde que de dix à douze pas, parfois même de deux. Ceux qui vont prendre les perles possèdent leurs propres bateaux. Ils vont dans ce golfe du mois d'avril à la mi-mai en un lieu qui s'appelle Betelar. Ils s'éloignent de quarante milles de la côte et là, ils jettent leurs ancres et montent dans de petites barques. Mais sachez que des marchands s'associent pour recruter des pêcheurs qu'ils paient d'avril à la mi-mai et qu'ils donnent au roi le dixième de ce qu'ils ramassent. Il leur faut aussi donner le vingtième de tout ce qu'ils prennent aux hommes qui enchantent les poissons pour qu'ils ne fassent pas de mal aux hommes qui vont sous l'eau pour trouver les perles, ils leur donnent une perle sur vingt. On nomme ceux qui envoûtent les poissons *brahmanes*. Leur envoûtement ne dure que pendant la journée et prend fin à la tombée de la nuit. Sachez que ces brahmanes savent aussi envoûter les bêtes sauvages, les oiseaux et tous les autres animaux.

Quand les hommes sont dans leurs petites barques, ils plongent sous l'eau jusqu'au fond, à quatre ou douze pas de profondeur. Ils y restent aussi longtemps que possible et cherchent les coquillages qui renferment les perles. Ce sont des coquillages, semblables aux huîtres ou aux moules de mer, et à l'intérieur desquels on trouve des perles de toutes sortes, grosses ou petites, car les perles sont fixées à la chair des coquillages. C'est ainsi qu'on pêche les perles en grande quantité et c'est de là que viennent celles qui sont répandues à travers le monde. Sachez en effet que le roi de ce pays perçoit une grosse taxe sur elles et qu'il en tire une grande richesse. Sachez aussi que passé mi-mai, on ne trouve plus de coquillages garnis de perles. Il est vrai qu'on en trouve plus loin, à trois cents milles de distance, mais seulement de septembre à mi-octobre.

En ce pays de Coromandel, sachez-le, il n'y a pas de maître tailleur pour coudre ou tailler des vêtements parce que ses habitants vivent toujours nus, sans même couvrir leur sexe d'un peu d'étoffe, les hommes comme les femmes, les riches comme les pauvres, et même les rois qui, quant à eux, portent l'ornement dont je vais vous parler. Le roi porte autour du cou un fermail qui est tout plein de pierres précieuses – rubis, saphirs, émeraudes –, si bien que ce collier est un bijou important et de grande valeur. Il a aussi un fil de soie très fin autour du cou d'au moins un pas de longueur sur lequel sont accrochés cent quatre grosses perles et de nombreux rubis. Selon les habitants, il porte ce cordon parce que tous doivent chaque jour dire cent quatre prières aux idoles : tels sont leur religion et leur usage. Ainsi firent tous leurs rois et tous leurs ancêtres.

Le roi porte aussi aux bras, à quatre endroits, des bracelets d'or pleins de pierres précieuses et de grosses perles de grande valeur, même chose aux jambes et aux doigts de pied. Je vous le dis, ce roi porte sur lui de l'or, des pierres et des perles qui valent plus qu'une cité, et ce n'est pas étonnant, car il y en a beaucoup dans ce pays. Sachez que personne ne peut sortir du pays ni pierre de grande valeur, ni perle qui pèse plus d'un demi-poids, à moins de le faire discrètement. Le roi agit ainsi parce qu'il veut les avoir toutes pour lui, et il en a tant que c'est extraordinaire. Chaque année il fait proclamer plusieurs fois dans tout son royaume que tout homme qui a une pierre, ou une perle, de grande valeur doit la lui apporter et qu'il lui en fera donner deux fois son coût. Chacun le fait volontiers, et le roi amasse tout et paie chacun.

Sachez en outre que le roi a bien cinq cents femmes, car dès qu'il en rencontre une belle, il l'épouse. Il fit un jour une bien mauvaise action que je vais vous raconter. Voyant que son frère avait une très belle femme, il l'enleva de force et la garda pour lui. Son frère n'en fit pas de cas et passa outre, en homme sage. Ce roi a beaucoup d'enfants et aussi beaucoup d'officiers qui le servent et chevauchent avec lui. Ils ont beaucoup de pouvoir dans le royaume et on les appelle les fidèles du roi. Sachez que quand le roi meurt et qu'on brûle son corps, comme c'est l'usage, ses fidèles se jettent au feu avec lui et se laissent brûler, car ils disent que, puisqu'ils ont été ses compagnons dans ce monde, ils doivent l'être aussi dans l'autre et lui tenir compagnie. Quand le roi est mort, on n'ose pas toucher au trésor de ses enfants car on dit : « Puisque notre père gagna et amassa cet avoir, nous devons autant amasser. » C'est pourquoi il y a un très grand trésor dans ce royaume.

Il n'y naît aucun cheval, si bien que la plus grande partie de leur fortune sert à acheter des chevaux, et je vais vous dire comment. Sachez que les marchands de Kich, d'Ormuz ou de Dhofar et des autres provinces en ont d'excellents : ils les emmènent dans le royaume de ce roi et de ses quatre frères qui eux aussi sont rois, comme je vous l'ai dit, et leur vendent ces chevaux fort cher, un pour cinq cents poids d'or, ce qui vaut plus de cent poids que nous appelons marcs d'argent. Ils leur en vendent une grande quantité chaque année, plus de deux mille, je crois, et ses quatre frères, qui sont rois, en veulent eux aussi. La raison pour laquelle ils veulent tant de chevaux chaque année est que tous ceux qu'ils achètent meurent avant la fin de l'année à cause des mauvais soins, car ils ne savent ni les soigner, ni les entretenir et n'ont aucun maréchal[1]. Les marchands qui leur amènent ces chevaux ne leur en fournissent pas afin de ne pas perdre cette vente annuelle dont ils tirent un grand profit. Ils transportent les chevaux dans leurs navires.

Les gens ont dans ce royaume un usage que je vais vous expliquer. Quand un homme va être exécuté parce qu'il a commis un crime, il propose de se tuer lui-même pour l'amour de telle idole, ce que le gouvernement accepte. Ses parents et ses amis le mettent dans une charrette, lui donnent douze couteaux et le mènent à travers la cité en disant et en criant : « Ce brave veut se tuer pour l'amour de telle idole. » Quand ils arrivent au lieu où justice doit se faire, le criminel prend l'un des couteaux et s'en frappe le bras en disant : « Je me tue pour l'amour de tel dieu. » Puis il prend un autre couteau, se donne un coup sur l'autre bras, puis se plante un troisième couteau dans le ventre, et ainsi de suite jusqu'à ce qu'il meurt. Quand il est mort, ses parents le font brûler en manifestant une grande joie et en faisant une grande fête.

En outre, beaucoup de femmes dont le mari est mort se jettent dans son bûcher funéraire pour brûler avec lui, et celles qui le font sont très admirées. Les gens sont idolâtres et certains d'entre eux adorent le bœuf, car ils pensent qu'il est sacré et ils ne le mangeraient ni ne le tueraient pour rien au monde. Mais il y a une sorte de gens qui sont appelés *gavis* : eux mangent de la viande de bœuf, mais seulement si le bœuf est mort, que sa mort soit naturelle ou pas. Sachez que les gens de ce pays enduisent leurs maisons de suif de bœuf. Sachez aussi que le roi, tous ses officiers, et chacun, grand ou

---

[1]. **Maréchal :** officier qui s'occupe des chevaux.

petit, ne s'assoient sur rien d'autre que la terre. Ils le font, disent-ils, parce que s'asseoir par terre est très honorable, que nous sommes tous faits de terre et que nous devons y retourner. Pour cette raison, personne ne saurait trop honorer la terre et personne ne doit la mépriser. Cette secte des *gavis*, sachez-le, a la coutume suivante : pour rien au monde l'un d'entre eux ne peut se trouver au même endroit que le corps de monseigneur saint Thomas, qui se trouve dans une petite ville du pays de Coromandel. Vingt ou trente hommes ne pourraient retenir l'un de ces *gavis* là où repose le corps du saint apôtre de Jésus-Christ, car c'est à cause de la vertu de ce saint que leur race le tua, comme vous l'entendrez plus loin. Sachez aussi qu'il n'y a pas de céréale dans cette province, à part du riz.

Je vais vous raconter une grande merveille : pour rien au monde il ne peut naître de cheval dans ce pays, ce qu'on a pourtant tenté plusieurs fois. Quand on fait saillir une jument par un bon étalon, elle ne donne le jour qu'à une mauvaise rosse, qui a les jambes tordues et qui ne vaut rien. Les gens de ce pays ne peuvent donc pas monter à cheval. Ils se battent tout nus, sans rien sur eux à part des lances et des boucliers et ce sont de mauvais soldats. Ils ne tuent ni bête ni oiseau ni aucun animal, mais le font faire par des musulmans ou d'autres personnes qui ne sont pas de leur religion. Ils ont l'habitude suivante : chacun, homme ou femme, se lave tout le corps deux fois par jour, et ceux qui ne se lavent pas sont considérés comme hérétiques. Ils châtient sévèrement ceux qui agissent mal et évitent de boire du vin, car celui qui boit du vin et celui qui va par mer ne reçoivent là aucune garantie. Ils disent que ceux qui vont par mer sont comme des gens désespérés. Ils ne tiennent pas pour péché la luxure. Sachez en outre qu'il fait si chaud dans leur pays que c'est extraordinaire : ils n'ont pas de pluie si ce n'est pendant trois mois, en juin, juillet et août. Si la pluie ne tombait pas pendant ces trois mois et ne rafraîchissait pas le temps, il ferait si chaud que personne ne pourrait le supporter. Ils ont beaucoup de savants versés dans l'art que l'on appelle physiognomonie, c'est-à-dire la science de connaître les personnes, leur nature et leurs qualités. Dès qu'ils voient une personne, ils lui disent sa nature. Ils savent fort bien ce que signifie la rencontre de telle ou telle bête ou de tel ou tel oiseau, car ils y sont plus attentifs que personne au monde. Si l'un d'eux entend un étourneau, il sait s'il est préférable pour lui d'avancer, de s'arrêter ou de faire demi-tour. Dès que les enfants naissent, on fait écrire le jour, l'heure et le mois de leur naissance. On le fait parce qu'ils n'agissent qu'après divination, car ils connaissent bien la magie, la nécromancie, l'astronomie et les autres enchantements diaboliques.

[La description se termine par des remarques générales sur la faune et sur les jeunes filles qui sont offertes aux idoles. C'est ensuite une évocation de saint Thomas l'apôtre et de ses miracles.]

CHAPITRE 171
Le royaume de Telingana.

Quand on part de Coromandel et qu'on va à environ mille milles au nord, on arrive au royaume de Telingana. Ce royaume fut jadis à un roi, mais après sa mort, il y a bien quarante ans, sa femme refusa de se remarier tant elle l'aimait. Depuis elle gouverne bien le royaume, et même mieux que son mari, et parce qu'elle aime le droit et la justice, elle est aimée de tous ses sujets. Les habitants sont idolâtres et ne versent aucun impôt. Ils vivent de lait et de riz. Dans ce royaume, on ramasse des diamants, et je vais vous dire comment. Il y a beaucoup de grandes montagnes et, l'hiver, beaucoup de grandes pluies tombent et forment des torrents très bruyants. Quand la pluie s'arrête, les habitants vont où l'eau a ruisselé et ils y trouvent beaucoup de diamants. Quand vient l'été, il fait si chaud dans ces montagnes, à cause du soleil, qu'on ne peut y aller qu'à grand-peine et on n'y trouve pas d'eau. Les gens qui y vont quand même y trouvent beaucoup de diamants. Il y a tant de serpents et de vermine à cause de la chaleur que c'est une grande merveille. Ces serpents y sont les plus venimeux du monde, si bien que ceux qui s'y rendent sont en grand péril, ont grand-peur et sont parfois mangés par cette vermine.

Il y a aussi dans ces montagnes beaucoup de grandes vallées profondes où nul ne peut descendre. Les hommes qui y vont à cause des diamants prennent la viande la plus maigre qu'ils peuvent trouver et la jettent dans une vallée. Beaucoup d'aigles blancs demeurent dans ces montagnes et mangent tous les serpents qu'ils peuvent prendre. Quand ils voient cette viande, ils l'emportent avec leurs pattes jusque sur une roche pour la becqueter. Les guetteurs y vont au plus vite, en chassent les rapaces et reprennent la viande qui est pleine des diamants qui y ont adhéré. Sachez donc qu'il y en a tant dans ces vallées profondes que c'est extraordinaire, mais que l'on ne peut y descendre, car il y a tant de serpents que l'on serait vite dévoré.

On ramasse aussi des diamants en allant dans les nids de ces aigles blancs. Leurs excréments en sont pleins, car ils les engloutissent quand ils becquettent la chair que l'on jette dans les vallées. Quand les gens parviennent à attraper des aigles, ils les tuent et leur ouvrent le ventre pour y prendre des diamants, et ils sont très gros, car ceux qui arrivent jusqu'à nous ne constituent que le rebut de ce qui est récolté : tous les bons diamants sont apportés au Grand Khan et aux autres rois en diverses parties du monde, et ils ont tout le trésor du monde. Sachez qu'on ne trouve de diamants nulle part ailleurs. Ils ont les meilleures cotonnades du monde, les plus fines et les plus chères, et les habitants ont de tout en grande abondance. Ils ont les plus grands moutons du monde. Il n'y a rien d'autre qui mérite d'être rappelé. Nous vous parlerons maintenant d'un autre pays que l'on appelle Lar, d'où viennent les brahmanes[1].

CHAPITRE 172
Le pays de Lar d'où sont les brahmanes.

Lar est une province située à l'ouest. Quand on quitte la ville où se trouve le corps de monseigneur saint Thomas, on arrive tout de suite dans cette province. Tous les brahmanes du monde y sont nés et ce sont les meilleurs marchands du monde, et les plus honnêtes, car ils ne mentiraient en aucun cas. Ils ne mangent pas de viande, ne boivent pas de vin et mènent une vie très honnête à leur manière. Ils ne commettent pas le péché de chair, sauf avec leurs femmes, et ils n'enlèveraient rien à personne, ne tueraient aucun animal et ne commettraient de péché selon leur religion pour rien au monde. Ils

---

[1]. **Brahmanes :** membres de la caste des prêtres.

portent tous un fil de coton sur la poitrine et derrière les épaules afin d'être reconnus. Ils ont un roi d'une grande puissance, qui achète très volontiers les pierres précieuses et les perles de grande valeur. Il envoie ses brahmanes partout pour lui rapporter toutes les belles pierres et les perles qu'ils peuvent trouver et leur en donne deux fois leur prix : il possède ainsi un grand trésor.

Les habitants sont idolâtres et font très attention aux présages : ils ont fixé entre eux un jour par semaine où ils font des choses extraordinaires. Le jour au matin, quand ils voient que leur ombre fait la même taille qu'eux, ils font leur marché sans tarder, mais jamais si leur ombre n'est pas assez longue. Quand ils sont chez eux et qu'ils ont à faire un marché et qu'ils voient venir une tarentule[1] sur le mur – animal qui prolifère chez eux –, ils ne concluent leur marché que si elle vient d'un côté qui leur paraît bon. Si elle vient d'un autre côté, ils ne le font à aucun prix. Quand ils sortent des maisons et qu'ils entendent un bruit, s'il leur semble favorable, ils continuent d'aller à leurs affaires, sinon ils s'arrêtent et s'en tiennent là jusqu'à ce qu'il leur semble bon de faire quelque chose. Quand ils partent en voyage et qu'ils voient une hirondelle passer, si elle vient selon leur volonté, ils continuent, sinon ils rentrent chez eux, si bien qu'ils sont pires que des patarins[2]. Ils vivent longtemps parce qu'ils s'abstiennent de trop manger et ne se saignent pas[3].

Il existe une autre sorte de gens appelés *yogis* : ils font partie des brahmanes, mais sont religieux et servent leurs

---

1. **Tarentule :** grosse araignée.
2. **Patarins :** hérétiques italiens (voir note 2, p. 81).
3. **Ils ne se saignent pas :** la saignée, qui consiste à ouvrir une veine pour en faire couler une certaine quantité de sang, est une pratique médicale courante au Moyen Âge, destinée à rétablir l'équilibre du malade ; ici, elle est, pour les habitants du pays, soumise à un interdit religieux.

idoles. Ils vivent de cent cinquante à deux cents ans. Ils mangent très peu, mais exclusivement de très bonnes choses – du lait, de la viande et du riz –, et boivent un breuvage qu'ils obtiennent en mélangeant du mercure et du soufre et qui, disent-ils, prolonge leur vie. Ils prennent de cette boisson deux fois par mois dès l'enfance. Il y a une autre sorte de yogis qui mènent une vie plus austère. Ils vont tout nus et adorent le bœuf, et la plupart arborent un petit bœuf en cuivre ou en laiton doré sur leur front. Ils brûlent les os de bœuf pour en faire une poudre. De cette poudre ils font une grande quantité d'onguent dont ils s'enduisent, et ils font preuve d'une très grande dévotion envers cet animal. Ils ne mangent pas dans des écuelles, ni sur des tailloirs[1], mais posent leur nourriture sur des feuilles de lierre, de pommier de paradis ou d'autres arbres, à condition qu'elles ne soient pas vertes mais sèches. Ils disent que les feuilles vertes ont une âme et que ce serait un péché, et ils se laisseraient mourir plutôt que de faire quelque chose qui serait un péché selon leur religion. Quand certains leur demandent pourquoi ils vivent tout nus et qu'ils n'en ont point honte, ils répondent ainsi : « Parce que nous ne voulons rien de ce monde et que nous sommes venus ainsi dans ce monde. Par ailleurs nous sommes justes et sans péché dû à notre sexe : nous pouvons le montrer plus que d'autres. Mais vous qui commettez le péché de luxure, vous en avez honte et vous le couvrez. » Ils ne tueraient pour rien au monde ni agneau ni mouche ni puce ni aucun être vivant, car ils disent que tous ont une âme et que c'est un péché. Ils ne mangent donc rien de vert et dorment tout nus par terre, et c'est extraordinaire qu'ils ne meurent pas tous et qu'ils vivent si longtemps. Ils jeûnent tous les jours et boivent de l'eau.

---

1. Tailloir : plaque ronde ou carrée utilisée pour couper la viande.

Quand ils veulent recevoir quelqu'un, ils l'accueillent une saison dans leur abbaye et lui font mener leur vie. Quand ils veulent le mettre à l'épreuve, ils font venir les jeunes filles qui sont offertes à leurs idoles comme je vous l'ai raconté, et elles doivent le caresser et l'embrasser. S'il ne réagit pas, ils le gardent, sinon ils le mettent dehors pour toujours, car ils ne veulent pas garder d'homme luxurieux. Ils sont si cruels, si mauvais et si parfaits idolâtres que c'est une diablerie. Ils disent qu'ils font brûler leurs morts parce que s'ils n'étaient pas brûlés, ils produiraient des vers qui mangeraient les corps. Quand les vers n'auraient plus rien à manger, ils mourraient et l'âme du corps en ressentirait une grande peine, et c'est pour cette raison qu'ils brûlent leurs corps. Nous vous avons parlé des gens de Coromandel et de leurs usages. Nous allons passer à un autre sujet et à une autre cité que l'on appelle Palayakayal.

[Le récit décrit ensuite la cité de Palayakayal, Quilon, le cap Comorin, les royaumes d'Elly, de Malabar, de Goujarat, de Thana, de Cambay et de Semenat.]

CHAPITRE 183
Deux îles, l'une Mâle et l'autre Femelle, parce qu'il ne demeure que des hommes dans l'une et que des femmes dans l'autre.

Quand on part du royaume du Mekran, qui est sur le continent, et que l'on avance de cinq cents milles par mer vers le sud, on trouve ces deux îles Mâle et Femelle, qui sont séparées entre elles par trente milles environ. Leurs habitants sont tous chrétiens baptisés et

CHAPITRES 169 À 172

SITUER

Après les îles, c'est la partie continentale de l'Inde qui est abordée par des descriptions plus longues des coutumes de ses habitants.

RÉFLÉCHIR

STRUCTURE : un tableau de la vie en Inde

1. Faites le plan du chapitre 169.

2. Qu'est-ce qui manque à la description du pays de Lar (chap. 172) ?

GENRES : décrire ou surprendre

3. Dans le chapitre 169, relevez les éléments qui relèvent du merveilleux.

4. Qu'est-ce qui donne du réalisme à la description des pêcheurs de perles (p. 142, l. 13-41) ? Quels détails rendent la recherche de diamants merveilleuse (chapitre 171) ?

PERSONNAGES : roi, religieux et hindous

5. Quels groupes de personnages sont décrits dans l'ensemble de ces passages ? En quoi est-ce révélateur des intérêts du narrateur* ?

6. Quelle image du roi est donnée dans les chapitres 169 et 171 ?

THÈMES : la religion

7. Quelles sont les différentes croyances qui sont décrites dans le passage ? Sont-elles toutes du même ordre ?

8. Quels sont les différents types de religieux évoqués dans le passage ? Le narrateur établit-il une hiérarchie entre eux ? Laquelle ?

ÉCRIRE

9. Marco Polo est invité à se joindre aux pêcheurs de perles. Racontez la pêche.

suivent les règles de l'Ancien Testament. Quand les femmes sont enceintes, les hommes n'ont plus de rapports avec elles, et de même, quand elles ont des filles, ils n'habitent plus avec elles pendant quarante jours. Tous les hommes demeurent dans l'île dite Mâle. Quand vient le mois de mars, ils partent tous pour l'autre île que l'on appelle Femelle, là où demeurent toutes les femmes. Les hommes restent trois mois avec leurs femmes, c'est-à-dire en mars, avril et mai, et pendant ces trois mois ils prennent du plaisir avec elles. Au bout de ces trois mois, ils retournent sur leur île et font leur travail et leur commerce les neuf mois suivants.

Ils ont dans cette île de l'ambre très fin en grande quantité. Ils vivent de viande, de lait et de riz. Ce sont de bons pêcheurs qui prennent beaucoup de bons et grands poissons : il y en a tant qu'ils les font sécher en grande quantité. Ils en ont assez pour en manger et en vendre toute l'année aux marchands qui passent par là. Ils n'ont pas de seigneur, mais un évêque qui est sous l'autorité d'un archevêque d'une autre île qui s'appelle Scoira. Ils ont leur langue à eux. Les enfants qu'ils engendrent avec leurs femmes qui sont sur l'autre île restent avec leurs mères si ce sont des filles. Si ce sont des garçons, leurs mères les élèvent pendant quatorze ans, puis les envoient à leurs pères, car telle est leur coutume. Les femmes ne font pas autre chose que nourrir leurs enfants et cueillir les fruits qu'elles trouvent dans leur île, car les hommes leur donnent tout le nécessaire. Il n'y a rien d'autre qui mérite d'être raconté. Nous allons vous parler d'une île nommée Socotra.

[L'île de Socotra est chrétienne, mais des magiciens y déclenchent des tempêtes. Puis c'est l'île de Madagascar qui est décrite.]

Chapitre 186
Description de l'île de Zanzibar.

Zanzibar est une grande île illustre qui s'étend sur deux mille milles. Ses habitants sont idolâtres, ils ont un roi, une langue et ne versent de tribut à personne. Ils sont grands et gros, mais pas aussi grands que gros. Ils sont d'une telle corpulence qu'ils ressemblent à des géants et si forts qu'un seul d'entre eux peut porter la charge de quatre hommes. Un seul homme mange autant que cinq. Ils sont tout noirs et tout nus, mais ils couvrent leur sexe. Ils ont les cheveux si crépus et si noirs, une si grande bouche, le nez si aplati, les lèvres si grosses, les yeux si grands et si rouges, et ils les roulent tant qu'ils ressemblent à des diables, et ils sont très laids à voir. Il naît beaucoup d'éléphants sur cette île, tant que c'est une merveille. Ils ont des lions tout noirs et différents des autres, beaucoup d'ours et de léopards. Leurs moutons, je vous le dis, et toutes leurs brebis sont tous d'une seule couleur, car ils sont tout blancs avec la tête noire, et aucun n'est différent, sachez-le. Ils ont aussi beaucoup de girafes qui sont très belles à voir. Je vais vous raconter quelque chose sur les éléphants. Sachez que quand un mâle veut avoir un rapport avec une femelle, il creuse un grand fossé dans la terre et met la femelle dedans en la renversant, puis il monte dessus comme le fait l'homme avec la femme. C'est qu'elle a le sexe du côté du ventre.

Leurs femmes sont les plus laides au monde et ont les seins beaucoup plus grands que les autres. Les habitants vivent de riz, de viande, de lait et de dattes. Ils font du très bon vin avec des dattes, du riz et du sucre. Ils vivent surtout du commerce des défenses d'éléphant et ont de grands navires. Ils ont beaucoup d'ambre parce qu'ils ont beaucoup de baleines. Ce sont de bons combattants qui craignent peu la mort. Ils n'ont pas de chevaux, mais ils se battent sur des chameaux et sur des éléphants, qui sont surmontés de tourelles en bois où se trouvent bien seize ou vingt personnes avec des pierres et des épées et avec lesquelles ils peuvent livrer de grandes batailles. Ils n'ont aucune armure, seulement des boucliers de cuir, des lances et des épées, si bien qu'il y a beaucoup de tués dans les combats. Quand ils veulent mener leurs éléphants à la bataille, on leur donne beaucoup de vin pour les rendre à moitié ivres : c'est parce que l'ivresse les rend plus fiers et plus orgueilleux. Il n'y a rien d'autre à dire et nous allons vous parler de l'Inde moyenne qui s'appelle Abyssinie.

Mais sachez en vérité que nous ne vous avons pas parlé de toutes les îles, mais seulement des provinces et royaumes les plus illustres qu'il y ait, car il n'y a pas d'homme au monde qui puisse décrire de manière vraie toutes les îles d'Inde. Mais je vous en ai rapporté le meilleur dans cette anthologie. Sachez que, selon le compas des marins de cette grande mer, il y a douze mille sept cents îles connues, sans compter celles où l'on ne peut aller, qui sont toutes habitées. Sachez que l'Inde Majeure va de Coromandel jusqu'au Mekran : il y a treize grands royaumes sur le continent et nous en avons évoqué dix ; nous passerons vite sur les trois autres. L'Inde Mineure va de la province de Cochinchine jusqu'au Telingana : il y a huit grands royaumes et tous sont sur le continent. Les royaumes des îles sont nombreux et ne figurent pas dans ce nombre.

[D'autres pays sont décrits : Abyssinie, Aden, cité de Shihr, ville de Dhofar, golfe de Qualhat et à nouveau Ormuz où est mentionné un système original de ventilation des maisons. Avec la description du Turkistan commence le récit de la bataille entre le roi Caïdou et le Grand Khan.]

Chapitre 194
La force de la fille du roi Caïdou, nommée Aigiaruc, ce qui veut dire « clair de lune ».

Sachez donc que le roi Caïdou avait une fille nommée Aigiaruc, ce qui veut dire en français « clair de lune ». Cette jeune fille était si forte que, dans tout le royaume de son père, aucun homme ne pouvait la vaincre. Son père voulut plusieurs fois la marier, mais elle disait qu'elle n'aurait jamais de mari à moins de trouver un homme capable de la vaincre, et c'est lui qui l'épouserait. Son père lui accorda le privilège de se marier à qui elle voudrait et quand il lui plairait. Elle était très grande, très musclée, et si forte qu'elle paraissait presque être une géante. Elle avait fait savoir par écrit dans tout le royaume que si quelqu'un voulait se mesurer à elle, il devait venir à cette condition : si elle triomphait, elle gagnait cent chevaux, mais celui qui la vaincrait la prendrait pour épouse. Beaucoup de fils de nobles seigneurs étaient venus, mais tous avaient été vaincus, si bien qu'elle avait gagné mille chevaux.

Or il arriva que vînt, en l'an 1280, un jeune homme, fils d'un roi très puissant, qui avait beaucoup entendu parler de la force de la jeune fille et qui était très désireux de pouvoir l'épouser. Il était beau, élégant, vaillant et sûr de sa force, car il n'y avait personne dans le royaume de son père pour résister à lui, si bien qu'il était venu avec assurance. Il avait amené mille chevaux afin que, s'il était vaincu, la jeune fille les obtînt tous, mais il avait une grande confiance en sa force et pensait gagner du premier coup. Sachez que le père et la mère de la jeune fille demandèrent à celle-ci en privé de se laisser vaincre par lui, car ils auraient été très heureux que leur fille devînt sa femme, parce qu'il était fils de roi et donc noble. Et elle répondit qu'en aucune manière elle ne se laisserait vaincre exprès, mais que s'il parvenait à la battre, elle serait sa femme comme convenu. Sinon, il n'en était pas question.

Au jour fixé, tous les gens du pays se rassemblèrent dans le palais. Le roi et la reine étaient présents. Quand tous furent assemblés pour voir la lutte, la jeune fille sortit dans un collant de soie étroit qui lui allait très bien, puis le jeune homme arriva dans un cendal[1] qui lui allait très bien. Ils étaient très beaux à voir, car la jeune fille était belle et plaisante et le jeune homme aussi. Quand ils furent tous deux dans le palais, ils commencèrent à s'empoigner l'un l'autre, bras contre bras, à lutter et à tirer çà et là. La lutte dura longtemps : ni l'un ni l'autre ne pouvait vaincre son adversaire. Mais à la fin, la jeune fille triompha et le jeta sous elle, ce qui lui fit grande honte. Quand il se vit sous elle, il en fut très fâché, et quand il fut debout, il s'en alla le plus vite qu'il put avec toute sa compagnie. Il rentra chez son père, tout honteux de ce qui lui était arrivé parce qu'il avait été vaincu par une femme. Il laissa les mille chevaux. Le père et la mère furent très fâchés, car ils auraient aimé la victoire du jeune homme. Nous vous avons raconté l'histoire de la fille du roi Caïdou. Sachez que depuis, son père ne mena plus jamais son armée au combat sans sa fille, car aucun chevalier ne se battait aussi bien qu'elle. Parfois elle s'écartait de l'armée et allait dans celle des ennemis ; elle prenait un homme aussi facilement que s'il s'agissait d'un oiseau et l'amenait devant son père, et elle le faisait souvent. Nous arrêterons sur ce sujet et nous

---

1. **Cendal** : tissu de soie.

vous raconterons une grande bataille qui eut lieu entre le roi Caïdou et Argoun, le fils d'Abaga, seigneur des Tartares de l'Est, comme vous l'entendrez plus bas.

[Argoun finit par triompher contre Caïdou. À son retour, son père meurt et il s'empare du pouvoir. Le livre s'achève par des récits de bataille de Caïdou et d'Argoun.]

CHAPITRES 183 À 194

SITUER

Après les confins de l'Inde, le narrateur* revient vers des pays plus proches, mais, contrairement au début du livre, ce sont des faits et des mœurs extraordinaires qui sont décrits.

RÉFLÉCHIR

STRUCTURE : une anthologie*

1. Faites le plan des chapitres 183 et 186 et comparez-les. En quoi l'organisation du chapitre 183 renvoie-t-elle à son titre ?

2. À quel genre de récit* s'apparente le chapitre 194 ?

3. « Mais je vous en ai rapporté le meilleur dans cette anthologie » (p. 156, l. 49-50) : en quoi cette parole illustre-t-elle le mode de composition des chapitres ?

ESPACE ET TEMPS : l'ailleurs

4. Relevez les noms de lieux des chapitres. Sont-ils tous des lieux réels ?

PERSONNAGES : du réel au fictif

5. Quelles qualités et quels défauts présente Clair-de-lune (chap. 194) ? Son nom paraît-il conforme à la personne ?

6. Comparez les habitants décrits dans les chapitres 183 et 186 : comment le narrateur met-il en évidence leurs différences ?

THÈMES : orientalisme

7. Quels sont les animaux et les plantes qui relèvent de l'exotisme* ?

8. Le narrateur répète souvent la même formule. Laquelle ? Quel est son rôle dans la narration* ? Pensez-vous que ces trois chapitres décrivent une fiction ou une réalité ?

9. Qu'est-ce qui marque la différence entre ces pays et l'Occident médiéval ?

ÉCRIRE

10. Réécrivez le chapitre 194 du point de vue du jeune homme.

FAIRE LE POINT — LE LIVRE DE L'INDE

La dernière partie de l'ouvrage est consacrée essentiellement à l'Inde, avec des développements fantaisistes et merveilleux sur les confins du monde.

STRUCTURE : le retour ?

Cette dernière partie est constituée de deux itinéraires, l'un à travers l'Inde par les îles et le continent et l'autre en remontant vers la Mongolie du Nord.

1. Relevez les indications géographiques présentes au début des chapitres du Livre de l'Inde. Peut-on tracer un itinéraire ?

2. Relevez les temps employés aux chapitres 172 et 194 : pourquoi cette différence ?

QUI PARLE ? QUI VOIT ? Marchand ou conteur ?

Si la description des bateaux (p. 133) est précise et méthodique, d'autres développements se fondent sur les croyances du Moyen Âge.

3. Quels sont les différents thèmes abordés au chapitre 169 ? En quoi sont-ils révélateurs de la civilisation médiévale ?

4. Au chapitre 186, relevez les phrases où le narrateur* émet un jugement sur les habitants.

PERSONNAGES : la femme et l'ermite

De nouveaux personnages, qui relèvent de la légende ou du conte*, apparaissent dans cette dernière partie.

5. Documentez-vous sur la vie de Bouddha. Quels sont les points communs avec le récit du *Livre des merveilles* (p. 137-139, l. 48-102) ? En quoi Bouddha devient-il un héros de conte ?

6. En quoi la princesse Clair-de-lune est-elle différente d'une princesse de conte de fées ?

THÈMES : orientalisme et merveille*

La dernière partie présente un caractère fabuleux plus net. La merveille est désormais ce qui relève de la création imaginaire.

7. Situez les différents lieux décrits sur une carte. Peuvent-ils être tous localisés ?

8. Les différents peuples visités dans cette partie vous paraissent-ils tous réels ? Lesquels marquent le plus l'exotisme* ?

POINT FINAL ?

STRUCTURE : un livre à tiroirs

Le Livre des merveilles apparaît comme une succession de descriptions et de récits*, et le fil conducteur de l'ensemble est constitué par un ensemble d'itinéraires. Le résumé initial permet de se retrouver dans l'enchevêtrement complexe de l'œuvre.

1. Quelles unités autonomes peut-on dégager du livre ? Quel lien les relie à l'œuvre ?
2. Quel est le centre du livre ? Comment est-il mis en valeur ?

QUI PARLE ? QUI VOIT ? Changements de voix

Traditionnellement, Marco Polo est désigné comme l'auteur* du *Livre des merveilles*. Pourtant, il est le héros* de ce livre, qui est un récit à la troisième personne mis par écrit, selon le Prologue (p. 23), par un romancier, Rusticien de Pise. Leurs deux voix se mêlent ou s'opposent dans des écritures et des thématiques différentes.

3. Marco Polo est-il la seule source d'information du livre ? Indiquez d'autres témoins.
4. En quoi la présence de deux voix (Marco Polo et Rusticien de Pise) a-t-elle des conséquences sur les descriptions ? Citez deux exemples.

PERSONNAGES : Tartares et chrétiens

Deux mondes aux coutumes et aux religions différentes se découvrent grâce à la curiosité de deux personnes, le Grand Khan et Marco Polo. L'œuvre est ainsi centrée sur les mœurs et les personnes plutôt que sur les paysages et suit les intérêts des deux héros principaux, le premier par des portraits successifs, le second au gré des découvertes de nouvelles contrées.

5. Comment *Le Livre des merveilles* contribue-t-il à faire du Grand Khan un personnage légendaire ?
6. Quels sont les chapitres dont Marco Polo est le héros* ? Pourquoi une telle discrétion ? Pourquoi est-il malgré tout le héros du *Livre des merveilles* ?

POINT FINAL ?

GENRES : une encyclopédie de l'Orient ?

Par ses thèmes, par ses descriptions, par la présence d'itinéraires, *Le Livre des merveilles* semble proche du récit médiéval de voyage*. Il se présente comme un ensemble de développements encyclopédiques sur l'Orient, mais apparaît aussi comme une évocation historique, voire romancée ou légendaire, et comme un récit initiatique.

7. « Sachez que » ; « À dire vrai » ; « Je vous l'assure » : pourquoi le narrateur* répète-t-il toujours ces expressions ?

8. Quelle est la place de la géographie dans le livre ? De quel genre actuel se rapproche-t-il ?

THÈMES : orientalisme et merveille*

Le Livre des merveilles donne une image d'un Orient de rêve par l'abondance de ses trésors, la luxuriance de la végétation et de la faune, le caractère extraordinaire de l'architecture et l'importance des palais, et par ses habitants dont la religion et les mœurs sont surprenants pour un Occidental.

9. En quoi *Le Livre des merveilles* est-il une invitation au voyage ?

10. Maintenant que vous avez lu ce livre, dites ce qu'est pour vous une merveille.

L'UNIVERS
DE L'ŒUVRE

*Dossier documentaire
et pédagogique*

LE TEXTE ET SES IMAGES

Jusqu'à la fin du Moyen Âge, les livres ne sont pas imprimés (l'imprimerie est inventée en 1440 par Gutenberg), mais copiés à la main par des scribes. Des images, ajoutées en tête de chapitres ou de parties par des enlumineurs, fournissent des indications sur le contenu du texte : on les appelle enluminures ou miniatures.

QUESTIONS

De Venise au Grand Khan (p. 2-3)

Les scènes de départ et d'arrivée permettent aux enlumineurs de scander les étapes d'un récit de voyage*. Elles sont souvent l'occasion de représenter face à face deux univers.

• **Document 1.** *Départ des frères Polo de Venise, en compagnie de Marco, fils de Niccolo, pour leur second voyage auprès du Grand Khan.*

1. Quels éléments du décor marquent la distinction entre la ville et « l'ailleurs » ?

2. Qu'est-ce qui permet de distinguer Marco Polo des autres personnages ? Qu'est-ce qui, dans le texte, justifie sa position par rapport à eux ?

3. Pourquoi les deux frères et Marco Polo tournent-ils le visage en arrière ? Que symbolisent leurs chevaux ?

• **Document 2.** *Le Grand Khan remet à ses messagers la tablette d'or qui doit leur servir de laissez-passer.*

4. D'après l'attitude des personnages, indiquez le rôle de chacun d'entre eux.

5. Quels sont les objets qui symbolisent le pouvoir de Khoubilaï ?

6. Comment la tablette d'or est-elle mise en valeur ? Pourquoi est-elle importante dans la scène représentée ?

• **Document 3.** *Remise du message du pape à Khoubilaï.*

7. Décrivez les costumes des différents personnages. En quoi sont-ils révélateurs de chaque civilisation ?

8. Quel personnage est au centre de la miniature ? Par quels moyens (objet, place, attitude, geste…) son importance est-elle montrée ?

9. Quels sont les objets tenus par les frères Polo ? Quelle est leur signification ?

Ville et campagne (p. 4)

Les représentations de la ville dans les enluminures sont stylisées. Les paysages ne reproduisent pas le réel mais sont composés d'éléments évocateurs.

• **Document 4.** *Les Frères Polo à Pékin.*

10. Quels bâtiments sont représentés dans la ville ? Correspondent-ils à l'image que vous vous faites de Pékin ? Pourquoi ?

11. Quel type de bateau est représenté ? À votre avis, que transporte-t-on vers la ville ?

12. Qui sont les personnages au premier plan ? Pourquoi sont-ils à cette place ?

• **Document 5.** *Campement des habitants de Kharashar et de leurs troupeaux (chameaux, vaches et moutons).*

13. Quel genre d'habitat est représenté sur cette enluminure ? En quoi est-il caractéristique des Tartares ?

14. Comparez la taille des différents animaux. Sont-ils conformes à la réalité ? Pourquoi l'enlumineur a-t-il représenté ces trois espèces (chameaux, vaches et moutons) ?

15. Quels éléments géographiques sont représentés ? Quelle information donnent-ils sur la nature du paysage ?

LE TEXTE ET SES IMAGES

Itinéraires et merveilles de l'Orient (p. 5-7)

Les cartes médiévales intègrent souvent des représentations des peuples et des villes qui se trouvent dans les pays concernés. Elles sont souvent proches de l'imaginaire des miniatures représentant l'Orient.

• **Document 6.** *La Caravane des voyageurs.*

16. Quels éléments architecturaux sont dessinés ? Que représentent-ils et pourquoi sont-ils accompagnés d'un nom ?

17. Décrivez les habits des personnages de la caravane. Quels éléments montrent qu'ils se déplacent vers l'Orient ?

18. En quoi cette carte est-elle différente d'une carte contemporaine ? Qu'est-ce qui manque ? Qu'est-ce qui est ajouté ? À votre avis, quelle est sa fonction ?

• **Document 7.** *Pêche des perles et extraction des turquoises dont le Grand Khan a le monopole dans la province de Gaindu.*

19. Donnez un titre aux deux scènes représentées sur la miniature. Qu'est-ce qui les différencie ?

20. Observez la disposition des personnages dans la scène de gauche. En quoi est-elle révélatrice de leur fonction ?

21. Que ramassent-ils ?

• **Document 8.** *Hommes à tête de chien de l'île d'Agaman.*

22. À quelle activité se livrent ces hommes à tête de chien ? Quel type d'habitat peut-on voir au fond de la miniature ? En quoi ces bâtiments contrastent-ils avec la tête des personnages ?

23. Cette représentation est conforme à l'imaginaire médiéval de l'exotisme*. Donnez d'autres exemples de peuples étranges.

24. Quel effet produit cette image ?

• **Document 9.** *Les Troupes du Grand Khan rattrapant les éléphants du roi de Birmanie.*

25. En quoi la miniature contenue dans cette page de manuscrit résume-t-elle le contenu des chapitres 121 et 122 ? Pourquoi est-elle placée au milieu de la page ?

26. Comment les guerriers tartares sont-ils représentés ? Est-ce fidèle au récit des chapitres 121 et 122 ?

27. Quel animal surprend ? La scène paraît-elle être une scène de bataille ?

Héros et héroïnes (p. 8)

• **Document 10.** *Les Aventures de Marco Polo* d'Archie Mayo, 1938.

28. Qu'est-ce qui montre l'origine orientale de la princesse ?

29. Que signifie l'attitude des deux personnages ? Relisez les chapitres 17 et 18. En quoi le réalisateur s'est-il inspiré du texte et en quoi s'en est-il écarté ?

• **Document 11.** *La Fabuleuse Aventure de Marco Polo* de Denys de la Patellière et Noel Howard, 1965.

30. Où se passe la scène ? À votre avis, à quel moment du voyage intervient-elle ?

31. Que tiennent les deux personnages ? En quoi est-ce révélateur de leur rôle dans leurs deux voyages successifs ?

LECTURE DE L'IMAGE

Les Troupes du Grand Khan rattrapant les éléphants du roi de Birmanie (doc. 9)

Cette miniature intervient dans le manuscrit au début du chapitre 122 (p. 113), c'est-à-dire au cœur de la bataille des Tartares contre le roi de Birmanie. Son emplacement au milieu de la page la met en évidence et résume le caractère original de cette bataille. Elle illustre très exactement la fuite des éléphants poursuivis par les Tartares. En revanche, les ennemis ont complètement disparu de la scène.

Deux parties sont nettement opposées : à gauche, les Tartares sont reconnaissables à leurs coiffes et surtout à leurs arcs, qui est leur arme préférée d'après le chapitre 69. Les couleurs vives employées pour l'habit du premier personnage ainsi que la couleur fauve de la robe du cheval contrastent avec la couleur gris clair des éléphants. À droite, le paysage est celui d'une forêt, ce qui correspond au texte selon lequel les éléphants se sont enfuis dans un bois ; ceux-ci sont facilement reconnaissables, même si le haut des arbres masque les tourelles qui se trouvent sur leur dos.

Si cette image est apparemment fidèle au texte, elle marque aussi des différences : c'est d'abord la présence de la licorne, cheval au front orné d'une corne, à moitié cachée dans les bois. Animal légendaire, elle marque l'exotisme* et l'éloignement et témoigne d'une rupture par rapport à la scène de bataille : la licorne, selon la légende, est un animal timide et sauvage qui évite la présence des hommes. Elle n'évoque donc pas la guerre, mais plutôt l'aventure.

D'autre part, l'attitude des éléphants est très différente de celle évoquée dans le texte : « […] ils s'enfuirent en faisant un si grand bruit et un tel vacarme qu'on aurait cru que tout le monde allait tomber dans un abîme. Les éléphants se précipitèrent dans le bois, se dispersant et rompant leurs tourelles, détruisant et ravageant tout » (p. 113, l. 19-23). Au contraire, sur cette enluminure, leur immobilité est marquée et ils semblent plutôt manger les feuilles des arbres. De même, leur taille paraît inférieure à celle du cheval au premier plan dont la position des jambes montre la course puissante qui le fait avancer alors que le guerrier s'apprête à tirer.

Cette scène paraît ainsi plus proche d'une scène de chasse que d'une scène de bataille. Elle marque l'exotisme du récit sans en révéler complètement la nature. Mais elle souligne aussi l'épisode le plus surprenant de la bataille : la fuite des éléphants qui permet aux Tartares de remporter la victoire.

AU TEMPS DE MARCO POLO

Décrire le monde au Moyen Âge

UN UNIVERS ORIENTÉ

Au Moyen Âge, les descriptions du monde ne relèvent pas strictement de la géographie. Elles s'insèrent dans des genres divers et s'inscrivent moins dans un souci de recensement du monde réel que dans une tradition livresque le plus souvent héritée de l'Antiquité. Les auteurs médiévaux reprennent ainsi les développements de Pline l'Ancien dans son *Histoire naturelle* (Ier siècle), ou ceux de Solin dans son *Recueil de curiosités* (IIIe siècle), en les adaptant à un univers orienté par le christianisme. Le savoir géographique n'est pas au départ une fin en soi, il s'intègre dans des représentations et des conceptions du monde dont l'enjeu va au-delà d'une connaissance des pays et des peuples. Il s'agit moins de connaître l'univers que la création et les œuvres de Dieu, en montrant leur beauté et leur diversité.

Les cartes sont conformes à cette conception du monde. Dans les mappemondes, la terre habitée constitue un quart du globe terrestre et est figurée par un cercle qu'entoure l'Océan. Elle est divisée en trois continents, l'Asie, l'Europe et l'Afrique, ce qui correspond au texte biblique. Dans la Bible, le monde terrestre est partagé entre les trois fils de Noé après le Déluge : Sem reçoit l'Asie, Japhet l'Europe et Cham l'Afrique. L'Asie est la plus grande des trois puisqu'elle s'étend sur la moitié du territoire, alors que l'Europe et l'Afrique sont séparées l'une de l'autre par la mer Méditerranée. Des espaces, que l'on appelle les Indes, s'étendent à l'est et au sud de l'Asie : l'Inde majeure, qui correspond à la péninsule indienne actuelle, l'Inde mineure, qui recouvre à peu près l'Indochine, et l'Inde mérindienne, qui se trouve sur les rivages d'un océan Indien conçu comme une mer fermée.

Représenter et décrire le monde, c'est donc s'inscrire dans l'histoire de l'humanité telle qu'elle est racontée dans la Bible. Aussi les descriptions sont-elles souvent orientées de l'est vers l'ouest, c'est-à-dire du paradis terrestre, situé en Asie (au Moyen Âge, l'est se trouve en haut des cartes, et non le nord comme sur les cartes actuelles), vers les pays d'Europe, pour terminer par l'Afrique et les confins du monde. La description de l'Orient est ainsi l'occasion de rappels d'épisodes bibliques, qu'il s'agisse de l'arche de Noé, dont les débris se trouvent sur le mont Ararat, ou des peuples de Gog et Magog auxquels les Tartares sont assimilés. C'est donc moins une observation qu'une vision du monde qui apparaît dans les premiers textes cosmologiques, alors que l'Orient est une terre méconnue.

LES ENCYCLOPÉDIES ET LES IMAGES DU MONDE

Toutefois, à partir du XIIIe siècle, les voyages vers l'Orient et la Chine se multiplient grâce aux missions religieuses et diplomatiques et aux contacts établis avec les khans mongols. Les récits successifs de Jean du Plan Carpin et de Guillaume de Rubrouck (voir « Marco Polo et *Le Livre des merveilles* », p. 14) apportent de nouvelles informations qui complètent le savoir livresque, ce qui amène des interrogations sur l'origine des peuples et une confrontation parfois contradictoire avec la tradition. La multiplication des encyclopédies médiévales, qui proposent l'ensemble du savoir humain compilé et ordonné sous une forme abrégée, donne lieu à une confrontation de la vision chrétienne et des récits de voyage*. L'image de l'Asie, tout en gardant son caractère étrange et merveilleux, correspond au choix d'écriture de l'encyclopédiste. Le savoir peut ainsi marquer un désir d'édification et même de croisade, ou donner une connaissance utile et rationnelle aux princes qui gouvernent. Quel que soit l'enjeu de l'encyclopédiste, le souci de l'ordre domine : l'écriture didactique permet de saisir l'ordonnancement du monde. Même si elle ne correspond pas toujours à des critères strictement géographiques, la description cosmologique suit un fil conducteur souvent souligné par des adresses au lecteur et un découpage en chapitres. Surtout, elle se présente comme un ensemble organisé méthodiquement.

Il ne faut pourtant pas juger de ces développements selon la perspective d'un homme du XXIe siècle : la perception de l'espace n'est pas la même au Moyen Âge qu'aujourd'hui, et les notions, pour nous si claires, de points cardinaux ou de durée de voyage sont plus floues. Mais ils traduisent la même curiosité intellectuelle que les voyages : montrer l'étendue et les capacités du savoir humain qui peut se développer sans cesse.

DÉCRIRE LES CONFINS DU MONDE : L'IMAGINAIRE DE L'INDE

La confrontation avec le monde oriental n'empêche pourtant pas la permanence des récits fabuleux sur l'Orient. L'éloignement des terres et la difficulté des voyages repoussent les peuples dans un lointain étrange où tout est extraordinaire parce que tout est différent. Tout est *merveille*, et ce mot, répété à l'infini dans les récits de voyage ou dans les descriptions de l'Asie, traduit la surprise face à l'autre, l'émerveillement ou l'effroi. C'est le signe du passage dans un monde inconnu où la faune, la flore, les marchandises, les religions et même les relations familiales sont opposées. Ce peut être un gage de qualité, un signe d'opulence, mais aussi de monstruosité. Les pays de l'Inde, de même que les antipodes, excitent ainsi l'imagination et la curiosité : la description des merveilles abolit la frontière du réel et du vrai puisqu'elle fait voir ce qui n'a jamais été ni connu ni vu.

Cet appel de l'imaginaire que permet l'évocation de l'Asie et de l'Inde repose sur une tradition antique héritée de Pline l'Ancien (Ier siècle). Mais elle s'est particulièrement développée dans des textes fictifs comme la *Lettre du Prêtre Jean* (vers 1165) ou *Le Roman d'Alexandre* (vers 1180), au travers des mappemondes ou des encyclopédies : l'Asie est le lieu de l'extraordinaire, plus encore que les lieux saints qui, eux, relèvent du miracle. Elle est la terre à la fois de la richesse et de la sauvagerie, de la beauté extrême et de la difformité d'êtres hybrides : ainsi y trouve-t-on pierres précieuses en abondance, palais extraordinaires et jardins de rêve, mais aussi cyclopes, hommes à tête de chien, amazones, hommes à plusieurs mains... L'altérité est signifiée par cette débauche de l'imagination : elle suscite à la fois admiration et effroi et comble l'absence de connaissance géographique sur des pays rêvés dont les noms ont un pouvoir évocateur. Les cités et les paysages sont en effet absents de ces descriptions qui ne font intervenir que le spectaculaire, qu'il s'agisse de la faune, de la flore ou du genre humain.

C'est que cette profusion cache le vide des connaissances : si la localisation des villes et des régions n'est pas toujours d'une grande précision pour le monde européen médiéval, le mode de description qui suit un itinéraire permet un repérage aisé pour le lecteur. En revanche, les pays d'Extrême-Orient ne correspondant à aucun itinéraire connu, leurs frontières demeurent dans le flou. L'Inde apparaît ainsi comme un immense territoire où les repères ordinaires disparaissent : la création de merveilles remédie à ce savoir partiel de même que, sur certaines cartes, l'absence de noms de villes ou de pays est compensée par la richesse de l'illustration. *L'Atlas catalan* (XIVe siècle) contient par exemple une représentation d'une caravane de voyageurs (voir doc. 6, p. 5).

Les représentations du monde oscillent ainsi entre ces différents pôles, entre une vision religieuse du monde et un souci de méthode, entre un appel à la découverte et une imagination qui aboutit à la création fictive. La description est bien souvent présentée par le biais d'un fil narratif qui caractérise le récit de voyage. Décrire le monde, c'est aussi se déplacer dans le temps : temps réel, temps sacré et temps fictif de la merveille. Raconter en ordre le monde dans toute sa diversité, tel est l'enjeu de ces textes.

UNE ŒUVRE DE SON TEMPS ?

Les chrétiens face à la Mongolie

LE CHOC DE L'INVASION MONGOLE

Au début du XIIIᵉ siècle, un seigneur mongol, Gengis Khan, réussit à unifier les tribus nomades de son peuple et commence en 1206 la conquête de l'Asie centrale à l'aide d'une armée réorganisée. Grâce à ses victoires successives, il met en place le premier État mongol.

À sa mort, en 1227, l'Empire mongol s'étend de la mer Caspienne au fleuve Jaune. Ses successeurs continuent son œuvre : après le nord de la Chine, conquis définitivement en 1232, le sud est attaqué en 1236, puis conquis progressivement. La guerre s'arrête en 1279. La Corée, la Birmanie et l'Indochine sont également soumises. En revanche, l'île de Java, le Japon et l'Inde restent invaincus. À l'ouest, les conquêtes mongoles s'étendent d'abord jusqu'à la Crimée puis, à partir de 1240, à l'Arménie, la Turquie et la Géorgie. Les Mongols atteignent la Russie, mais aussi la Pologne et la Bulgarie, et arrivent à la mer Adriatique en 1242. Enfin, ils s'attaquent aussi au monde musulman : ils envahissent la Perse et exterminent la secte des Assassins en Syrie (voir chap. 54-57), s'emparent de Bagdad, arrivent jusqu'à Gaza et sont finalement arrêtés en Galilée par les Égyptiens en 1260.

L'Empire mongol s'étend ainsi largement de la Chine jusqu'à la Russie et de la Sibérie à Bagdad, mais il est surtout perçu à partir de 1240 comme une réelle menace pour l'Europe. L'efficacité et la puissance destructrice de son armée lui donnent la réputation d'être invincible. Quand Khoubilaï, petit-fils de Gengis, devient Grand Khan en 1260, il transfère sa capitale de Karakorum, en Mongolie, à Pékin (en 1264) et poursuit sa conquête vers le sud. Mais la rapidité et l'étendue des conquêtes frappent les esprits européens qui voient dans les Mongols une incarnation du mal, d'autant que celles-ci s'accompagnent de massacres et d'atrocités. Ils apparaissent comme les héritiers des peuples de Gog et de Magog (qui incarnent les puissances du mal dans la Bible) et sont appelés du nom de Tartares. Ce nom est issu d'une déformation de Tatars, premier peuple mongol vaincu, et d'un rapprochement avec le Tartare, l'une des régions des Enfers dans la mythologie gréco-romaine.

CONVERTIR

La transformation de l'enjeu méditerranéen

Les Mongols constituent une force qui s'impose dans le partage méditerranéen entre chrétiens et musulmans, à tel point que les chrétiens les croient ennemis des musulmans et capables de l'emporter définitivement contre eux. À partir de 1256, un intérêt pour ce peuple conquérant apparaît, alors que la situation des chrétiens en Méditerranée s'est très nettement affaiblie depuis la quatrième croisade (1202-1204), qui s'est terminée par la prise de Constantinople et la création des États latins de Grèce. Si Venise a pu établir durablement sa suzeraineté sur les territoires grecs et macédoniens, les autres États nouvellement créés sont plus fragiles, d'autant que cette quatrième croisade s'est tournée contre la religion des Grecs (chrétiens orthodoxes) et non plus contre celle des musulmans. De fait, les croisades du XIIIe siècle sont plus politiques que religieuses et épousent davantage les intérêts de la papauté que ceux de la foi.

Les États francs de Syrie s'affaiblissent face à la puissance égyptienne, et Jérusalem est prise par les musulmans. La septième croisade, menée par Saint Louis (1248-1249), roi de France, aboutit à un échec. Toutefois, Saint Louis, resté en Terre sainte, conclut plusieurs traités qui lui permettent de restaurer les places fortes des côtes et de rétablir une entente entre les Francs. La huitième croisade se termine également par un désastre, puisque

Saint Louis trouve la mort à Tunis en 1270. Les invasions mongoles dans les territoires de Mésopotamie et de Syrie paraissent menacer la puissance des musulmans : leurs victoires sur la secte des Assassins (1256), puis sur Bagdad (1258) et en Syrie (1260) manifestent leur puissance face à un empire musulman qui s'étend de l'Inde à l'Espagne. Mais les Francs de Jérusalem restent neutres et le sultan d'Égypte finit par l'emporter sur les Mongols.

L'enjeu des croisades n'est donc plus strictement la libération du tombeau du Christ, sa défense ou sa reconquête. Les considérations politiques et économiques de maintien de territoires, les rivalités entre les Francs, les attaques contre l'Empire byzantin, le désir de richesses l'emportent bien souvent sur l'esprit originel. Il faut noter d'ailleurs que Venise, Pise et Gênes (qui sont des États indépendants) ont pu s'enrichir et augmenter leurs possessions territoriales grâce à ces croisades : commerce, ravitaillement des troupes, construction de bateaux ont été pour elles une grande source de revenus. Il reste pourtant un esprit de croisade qui exalte l'expédition vers la Terre sainte comme quête spirituelle, où le chevalier, soldat du Christ, s'accomplit dans la lutte contre les infidèles et peut gagner l'accès au royaume des Cieux. Cependant l'attaque contre la religion des musulmans, considérée par les chrétiens comme impie, s'élargit aussi à la religion chrétienne orthodoxe. Les Grecs apparaissent donc comme un peuple dominé par la perfidie. Les contours de la Méditerranée orientale sont ainsi à la fois des enjeux politiques, économiques et religieux.

Mongols et religion

En revanche, les Mongols ne participent pas à cet esprit de conversion religieuse. Leurs conquêtes sont avant tout militaires, et Gengis Khan et ses successeurs n'ont jamais manifesté une quelconque préférence pour l'une des nombreuses religions de leur empire. Gengis Khan marie d'ailleurs sa fille à un chrétien nestorien. Les nestoriens sont en effet nombreux sur son territoire : exilés par l'Église, ils se sont installés en haute Asie. Mais ce n'est pas la seule religion présente à la cour du Grand Khan, qui accueille aussi bien les musulmans que les bouddhistes ou les juifs. La diversité et la tolérance sont donc de règle dans un empire qui voit les sectes se multiplier.

Khoubilaï respecte la foi chrétienne mais finit par favoriser le bouddhisme face au christianisme et surtout au taoïsme. La ville de Karakorum, d'après de nombreux témoignages et en particulier celui du moine franciscain Guillaume de Rubrouck en 1253 (voir « D'autres textes », p. 213), est ainsi un mélange étonnant de nationalités et de religions, où chrétiens, nestoriens, musulmans, bouddhistes, taoïstes se côtoient. Guillaume de Rubrouck raconte la grande controverse théologique qui eut lieu à la cour de Mongka Khan (prédécesseur de Khoubilaï) entre chrétiens, musulmans et bouddhistes, à l'initiative du Grand Khan qui voulait savoir quelle était la meilleure religion. Elle se termina par une beuverie générale et une absence de conclusion et de conversion. Mongka Khan lui-même affirmait son monothéisme et sa croyance en un dieu suprême, nommé Möngke Tengri (« le ciel éternel »).

Cette tolérance des Mongols explique l'intérêt progressif des chrétiens à l'égard d'un peuple qui jusqu'ici n'inspirait que l'horreur. Dès 1245, le pape Innocent IV envoie deux missions chez les Mongols pour tenter de conclure la paix et de les convertir. L'une d'entre elles est confiée en avril 1245 au moine franciscain Jean du Plan Carpin, qui remet une lettre au Grand Khan à Karakorum et en obtient une réponse. C'est grâce à ces missions, et tout spécialement à celle de Jean du Plan Carpin, que des informations sur le monde tartare commencent à circuler en Occident. Le rapprochement avec les Mongols devient un enjeu politique et religieux et Saint Louis, à son tour, dépêche plusieurs ambassades à partir de 1249. C'est en 1253 qu'il dépêche Guillaume de Rubrouck, franciscain flamand, pour tenter de convertir les Mongols et surtout leur demander une coopération militaire contre les musulmans. Le franciscain revient avec une lettre du Grand Khan, Mongka, qui demande la soumission de Saint Louis et l'envoi d'ambassadeurs officiels.

L'ambassade religieuse suivante est celle des frères Polo lors de leur second voyage. Il n'y en a pas d'autre avant 1289, quand Jean de Montecorvino réussit à créer un évêché et à convertir un nombre assez important de Mongols. Les relations avec les Mongols ne sont donc pas uniquement diplomatiques ou économiques : leur conversion religieuse est aussi un enjeu majeur.

DÉCOUVRIR

Un Orient à connaître

Cette succession d'ambassades permet au monde occidental d'obtenir des informations de plus en plus précises sur des pays qui, jusqu'à cette époque, appartiennent avant tout aux domaines du rêve et de l'imaginaire. Jean du Plan Carpin écrit le premier une *Histoire des Mongols* (1247), qui permet de comprendre le système militaire mongol même s'il y ajoute un certain nombre de légendes. Guillaume de Rubrouck, quant à lui, écrit une longue lettre à Saint Louis, intitulée *Voyage dans l'Empire mongol* (1255). Cette lettre est un véritable témoignage sur son voyage, mais surtout sur les mœurs des Mongols, leurs coutumes, leurs habitats, leurs fêtes, leurs rites. Cette image qui se précise au gré des lettres et des témoignages se confronte aux légendes et aux récits fabuleux sur l'Inde qui continuent pourtant à être diffusés.

Tel est le cas de la légende du Prêtre Jean, qui, née au XIIe siècle, perdure jusqu'au XVIIe siècle. Cette légende se fonde sur une lettre en latin, adressée à la fois à l'empereur de Byzance, à l'empereur Frédéric Ier et au pape Alexandre III, écrite par un personnage qui se définit comme « roi des Indes et de toutes les contrées depuis la tour de Bâle jusqu'au lieu de sépulture de l'apôtre Thomas ». Selon toute vraisemblance, cette légende d'un roi chrétien en Inde repose à la fois sur la présence de chrétiens en Asie et la tradition orientale des Rois mages (voir chap. 30-31). En outre, l'Orient apparaît comme un territoire fascinant à la fois par ses richesses et la présence de lieux ou de personnages liés à la chrétienté. Le royaume décrit dans la *Lettre du Prêtre Jean* paraît immense et rempli de richesses, et son roi s'y présente comme voulant libérer la Terre sainte des infidèles. De multiples hypothèses ont été échafaudées pour identifier ce roi, et, qu'il s'agisse de chroniqueurs ou de voyageurs, les allusions à ce personnage sont fréquentes (y compris dans *Le Livre des merveilles*, voir chap. 64-65) avec des identifications variées. Cette légende atteste en tout cas d'une réelle présence chrétienne en Asie et des espoirs d'expansion de la chrétienté qu'elle a pu susciter.

Curiosité occidentale

Face à cette description souvent fabuleuse, les récits de voyage et les lettres de missionnaires font émerger une autre image de l'Orient, constitué d'un État organisé, puissant à la fois par son armée, son administration dotée de moyens de communication efficaces, son économie et son commerce particulièrement actifs. Ces informations convergentes permettent aux Occidentaux de découvrir une civilisation autre que la leur – mais différente du monde musulman – et de multiplier les contacts, préludes aux futures expéditions maritimes vers l'Inde. Les deux voyages de Niccolo, Maffeo et Marco Polo s'inscrivent dans ce mouvement de curiosité pour l'Orient doublé d'un désir d'expansion commerciale. Le premier voyage des Polo est ainsi présenté comme une sorte d'extension des voyages que fait tout commerçant pour étendre le territoire où le négoce est possible : il est conforme à la politique économique et commerciale de Venise qui utilise ses nouveaux territoires vers l'est pour développer des débouchés. Mais le second voyage a des enjeux bien plus importants, puisqu'il s'agit d'une ambassade au nom du pape dans la lignée des précédentes. Il est à noter qu'à la curiosité occidentale correspond une attitude semblable du Grand Khan, ce que Guillaume de Rubrouck marquait déjà dans son récit auprès du prédécesseur de Khoubilaï, Mongka. Découvrir, c'est donc sans doute voyager et s'informer sur l'habitat ou les coutumes des habitants d'un pays, mais c'est surtout se confronter à d'autres religions. *Le Livre des merveilles* n'est pas seulement le compte rendu d'un marchand,

L'HISTORIEN DU GRAND KHAN

La fascination pour le pays mongol s'illustre d'abord par celle qu'éprouve Marco Polo pour le Grand Khan, dont le portrait et la cour sont au cœur de l'ouvrage. Le contact avec Khoubilaï, qui régit l'un des plus vastes empires de l'époque, marque tant le Vénitien que l'épopée* de Gengis Khan en est réduite à une succession de batailles. La répétition régulière de la même phrase au début de chaque description d'un pays (« il sont sujets du Grand Khan ») insiste sur la présence presque universelle du pouvoir du Grand Khan qui envoie des expéditions dans toutes les directions cardinales et s'intéresse à tous les peuples. De la même manière, le portrait de Gengis Khan, homme sage et conquérant invincible, contraste avec celui du Prêtre Jean (voir chap. 64-65), ce qui est surprenant pour un Occidental qui n'en a que l'image d'un chef de guerre sanguinaire. C'est bien le seigneur de la Chine et de la Mongolie qui constitue le centre vers lequel tout converge et autour de qui tout est organisé.

Ce portrait n'est pas statique : il alterne entre description de la Cour et du pouvoir et récit des conquêtes passées et présentes. Le seigneur des Mongols est d'abord un chef de guerre et sa politique repose sur l'expansion permanente de son territoire, même si elle peut échouer comme au Japon. Mais c'est surtout l'organisation de son pouvoir qui provoque l'admiration. Outre l'armée dont l'ordonnance permet une transmission rapide des ordres, c'est aussi la gestion de l'administration et son système de courriers qui à la fois étonnent et marquent la cohérence de l'État. La présence de papier-monnaie (chap. 96) montre aussi l'efficacité d'un pouvoir où toutes les richesses sont finalement aux mains d'un seul homme. En outre, la description de la Cour révèle la puissance du seigneur. Qu'il s'agisse du nombre de ses palais, de la Fête Blanche, des dons d'habits (chap. 88) ou de la quête permanente de jeunes filles pour le Grand Khan (chap. 81), tous ces éléments contribuent à l'évocation d'un pouvoir sans partage. Il est à remarquer d'ailleurs qu'aucun autre Mongol n'est décrit à la Cour : la présence du Grand Khan réduit les autres à l'état de serviteurs qui suivent les goûts et les humeurs du prince, et il faut un déplacement à l'extérieur, une conquête, pour que d'autres Tartares, comme Baïan-aux-cent-yeux (chap. 138), prennent vie dans le récit.

C'est donc un travail d'historien de la Cour qu'effectue le narrateur* : toutes les descriptions ne sont que mises en valeur du pouvoir monarchique du Grand Khan. Ce portrait n'est cependant pas celui d'un tyran sanguinaire : de multiples anecdotes insistent sur le souci qu'il a de renforcer le bien-être de ses sujets, voire sur sa générosité. Cette magnificence du monarque s'accompagne inversement d'un portrait physique qui en révèle le caractère banal (chap. 79). Sa véritable grandeur réside à la fois dans ses actes et sa manière de gouverner, et le récit du *Livre des merveilles* est une mise en scène de son pouvoir, montrant son originalité et son efficacité.

UN TABLEAU DES MŒURS MONGOLES

Mais c'est aussi un tableau d'ensemble du peuple mongol que l'on peut voir dans ce livre. Le narrateur met d'abord en évidence sa supériorité militaire, due à la fois à son organisation, mais aussi à son endurance et à sa tactique. Si les chrétiens paraissent l'emporter une fois (chap. 145), c'est uniquement par une technique, celle des engins de guerre (dont l'invention, en réalité chinoise, leur est faussement attribuée). L'habileté des Mongols à cheval, leur dextérité d'archers, leur capacité d'endurance sont soulignées et provoquent la stupéfaction occidentale face à un ennemi à la fois organisé, rapide et rusé. De même la prise de Bagdad (chap. 24) et la fin de la secte des Assassins (chap. 42) rappellent le retentissement de ces deux événements en Occident.

Ce n'est pas le seul élément de la civilisation mongole mis en avant par *Le Livre des merveilles*. Outre l'importance du commerce ou la splendeur architecturale, c'est aussi la vie privée des Tartares qui est relatée : relations familiales, coutumes religieuses et rituels, habits, accueil des étrangers, nourritures, autant de points qui sont mentionnés plus ou moins longuement et surtout avec une objectivité parfois surprenante. C'est ainsi que la pratique d'un cannibalisme religieux est évoquée sans jugement du narrateur (chap. 165), alors que certaines pratiques magiques ou astrologiques sont refusées avec énergie (chap. 115). Inversement, de longues descriptions des pratiques chamaniques ou de rituels religieux sont faites et font écho aux témoignages de Guillaume de Rubrouck ou d'autres voyageurs. Il est à noter également l'admiration que témoignent les moines taoïstes pour l'ascétisme, qui fascine le narrateur (chap. 74). Le livre manifeste ainsi la même curiosité et la même tolérance que celles qui sont attribuées au Grand Khan et paraît comme refléter un territoire de tolérance qui s'étend au fur et à mesure que la narration avance : les premiers récits exemplaires veulent montrer la supériorité chrétienne sur le monde musulman (chap. 28), mais la vie de Bouddha (chap. 168) ou l'évocation des moines orientaux (chap. 172) n'amènent plus de formules religieuses ni de condamnation ostentatoire. Le récit s'écarte ainsi de toute tentative de conversion religieuse : récit de voyage*, il témoigne simplement et ne fait que manifester un regard extérieur, curieux, surpris, mais sans fanatisme, à l'égard de pratiques et de mœurs inhabituelles.

UNE VISION POSITIVE

Ce tableau étonne par ses omissions singulières. Alors que la chrétienté a conservé l'image particulièrement noire d'un Gengis Khan sanguinaire et de Tartares qui massacrent les peuples conquis, *Le Livre des merveilles* n'y fait guère allusion et donne au contraire une image extrêmement positive des Mongols qui n'apparaissent que comme des tacticiens supérieurs dans leurs conquêtes. Le portrait du Grand Khan Khoubilaï (chap. 81-83) est aussi frappant par l'absence de critiques : son goût pour la chasse et sa magnificence sont mis en avant, alors que d'autres traits de caractère disparaissent. Par exemple, la multiplicité de ses concubines, peu en accord avec l'idéal conjugal chrétien, ne donne lieu à aucun jugement. La narration présente une image partielle de l'Empire mongol et souligne l'exotisme et l'image rêvée d'un Orient fascinant, où les conquérants accueillent les reines déchues, empêchent destructions et pillages et préfèrent rapporter des éléphants que tuer leurs ennemis. Ainsi, il est à noter que les récits de bataille sont toujours réduits à l'extrême au profit de portraits contrastés des adversaires en présence et des conséquences qu'entraînent de nouvelles conquêtes. S'il y a tableau historique, il est inséré dans une vision orientée du monde mongol qui apparaît comme un appel à l'exploration, à l'aventure orientale, dont les merveilles dépassent celles de la fiction arthurienne, domaine habituel de Rusticien de Pise. *Le Livre des merveilles* prouve aussi *a contrario* un écart par rapport aux missions chrétiennes : c'est la découverte fascinée de l'autre, et non la conversion, qui est son enjeu premier.

FORMES ET LANGAGES

Le récit de voyage entre témoignage et merveilleux

Le Livre des merveilles alterne narration* et description dans un cadre général qui est le récit de voyage. Il ne s'agit pas pourtant d'un témoignage direct, mais d'une mise par écrit d'un récit oral qui à la fois reconstitue des itinéraires et décrit un monde exotique « entièrement et dans l'ordre ». L'oralité première impose à l'œuvre un ordre chronologique qui se présente comme celui du voyage. Pourtant, l'écriture du livre apparaît complexe et montre la recherche permanente d'une forme qui n'est pas encore fixée dans ses règles.

ENTRE ÉCRIT ET ORAL : LE JEU DU NARRATEUR*

Entendre, voir, dire

Le Livre des merveilles est ponctué d'adresses au lecteur : rappel de ce qui a été dit ou du projet de départ et annonce des chapitres futurs pour permettre de comprendre la cohérence de l'ensemble ; insistance sur le caractère extraordinaire de tel ou tel fait ; affirmation d'un témoignage direct ou assurance de la véracité du propos ; refus de continuer une description trop longue. Ces interventions permanentes du narrateur donnent un caractère vivant à l'œuvre qui paraît en train de s'écrire et de se dire face à un lecteur-auditeur. Elles marquent souvent une hétérogénéité des voix et rendent le récit complexe. L'étonnement face aux spectacles vus mime en effet celui du héros* Marco Polo qui pourtant disparaît presque de la narration : s'il est signalé comme l'auteur* du récit oral initial, on ne fait référence à lui qu'à la troisième personne comme témoin et acteur d'un voyage. Le « je » du récit renvoie ainsi tantôt au narrateur effectif de l'histoire, tantôt à celui qui en est présenté comme l'origine, sans que l'on puisse toujours démêler le rôle de chacun.

Cette ambiguïté n'empêche pas une présence permanente qui souligne la valeur de témoignage : elle marque l'engagement du narrateur par rapport à des descriptions extraordinaires. Une distinction est ainsi établie entre une information directe, nécessairement vraie, et des sources indirectes plus suspectes. À la formule « ce qui est vu », qui suppose la connaissance véritable, est opposée l'expression « ce qui est entendu », qui marque une infériorité nette dans le degré de véracité. La durée du séjour ou la preuve matérielle qu'est la graine de brésil rapportée à Venise sont autant d'éléments qui confirment le témoignage et en renforcent la valeur.

Itinéraire et récit oral

La narration elle-même propose un ordre qui souligne l'apparence d'un témoignage direct. Les dix-huit premiers chapitres apparaissent comme un sommaire* destiné à la fois à informer l'auditeur et à lui donner envie d'écouter la longue description qui suit : la présentation des lieux traversés avec leur pouvoir évocateur et celle des personnages – deux marchands européens qui deviennent missionnaires à la fois du pape et du Grand Khan, un héros enfant qui devient polyglotte et est chargé de mission par le seigneur mongol, et, enfin, un empereur prestigieux et avide de curiosité – sont autant d'éléments qui à la fois intriguent et posent les jalons de la future description. Les chapitres qui suivent, après une hésitation sur la présentation, imitent ensuite un itinéraire parfois reconstitué, mélange à la fois des deux voyages et des expéditions mongoles, mais souligné par les directions et les journées de voyage ou des indices révélateurs. Ainsi la description de bateaux au début du Livre de l'Inde annonce-t-elle un voyage maritime, alors qu'il se faisait auparavant sur terre.

Une construction étudiée

Pourtant, ce mimétisme de l'oral n'empêche pas un travail important de la structure et de l'écriture. La construction d'ensemble frappe par son équilibre : un nombre à peu près équivalent de chapitres décrit la traversée de la Mongolie jusqu'à la capitale (chap. 13-69), puis la Chine (chap. 74-156) et enfin le retour (chap. 157-194). Si les premiers chapitres résument les deux voyages des Polo, la suite montre clairement une combinaison de l'ensemble de ces itinéraires : la forme impersonnelle adoptée (« on voyage », « on a chevauché »...) le prouve en laissant dans l'ombre le voyageur Marco Polo qui n'intervient que pour l'enquête sur les Rois mages (chap. 30). Les premiers pays décrits le font d'ailleurs disparaître totalement dans un ordre statique de la description où sont passés en revue le roi, les villes principales, les coutumes religieuses et les activités des habitants. Ce schéma, qui demeure jusqu'à la fin du livre, est rendu dynamique par le biais de la mention du voyage ou par les anecdotes racontées et prouve un effort d'écriture et de variété de l'ensemble.

Brièveté

Mais les ellipses* volontaires, les effets de sommaire* sont surtout la marque de ce choix d'écriture : la description ne commence pas par les pays connus mais par ceux qui touchent au pays mongol, le retour est abrégé selon le mode habituel du récit de voyage au Moyen Âge et tout ce qui peut donner lieu à des développements narratifs est présenté brièvement. Rien n'est dit sur les naufrages ou les dangers de la mer, ni sur l'expédition avec la princesse Cocacin (chap. 18). Le livre se termine brutalement, sans véritable fin, sans doute parce qu'elle a été présentée dans le résumé initial et que les personnages principaux ont disparu complètement des derniers chapitres racontant des batailles qui ont eu lieu au Turkestan.

Ces ellipses volontaires pourraient apparaître comme les maladresses d'une forme balbutiante : elles correspondent pourtant aux critères d'un récit de voyage qui, derrière une apparente exhaustivité, sélectionne les informations et les met en forme. La narration* hésite ainsi entre la reproduction d'un discours oral qui certifie la véracité de l'œuvre et une écriture qui emprunte ses caractéristiques à la tradition écrite de l'itinéraire. Cette oscillation ainsi que la variation des choix contribuent au jeu entre le narrateur et le lecteur qui est guidé dans un itinéraire vers l'inconnu.

LE RÉCIT DE VOYAGE : RÉCIT, DESCRIPTION OU ITINÉRAIRE

Un genre intermédiaire

Le Livre des merveilles apparaît comme un mélange de plusieurs genres littéraires : s'il a un héros*, Marco Polo, celui-ci est curieusement absent de la majorité des chapitres et n'apparaît que fugitivement. Pourtant, le récit initial des deux voyages le présente comme un héros qui se manifeste par des qualités hors du commun auprès du Grand Khan. Il faut noter d'ailleurs que Marco Polo n'apparaît guère séparément de son père et de son oncle comme acteur* et n'intervient seul qu'en tant que narrateur* ou en tant qu'enquêteur, comme pour l'histoire des Rois mages. On ne saurait donc parler ni d'un récit de vie, ni d'un récit d'initiation, en dehors des tout premiers chapitres où l'on assiste à la naissance d'un héros.

La majorité des chapitres est constituée en revanche de descriptions ponctuées de courts récits. De fait l'œuvre est aussi intitulée *Le Devisement du monde* – c'est-à-dire la description du monde – et s'apparente à une cosmologie, ou à une encyclopédie, qui décrit le monde oriental. Les nombreuses adresses au lecteur, les récapitulatifs ou les annonces soulignent l'aspect didactique d'un texte qui donne à voir et à apprendre au lecteur. *Le Livre des merveilles* se présente comme une somme de savoirs et vise à l'exhaustivité, même si des ellipses* sont faites.

Le narrateur omniscient* transmet un savoir dont il démontre la parfaite maîtrise par le biais du jugement qu'il donne sur Marco Polo : « jamais un homme seul n'eut autant de connaissances, ni n'en vit jamais autant que lui » (p. 129, l. 28-30). Cet avis, répété avant « Le Livre de l'Inde », garantit ainsi l'information alors même qu'elle est la plus extraordinaire et peut-être la plus imaginaire. Le souci didactique qui caractérise l'ouvrage est marqué dans chaque nouveau développement qui s'organise autour des mêmes éléments et peut ainsi être facilement comparé aux autres : la nature du pays, de sa faune et de ses richesses, les mœurs de ses habitants, sa relation au Grand Khan sont autant de points obligés qui scandent la description et parfois aboutissent au sentiment d'une énumération parfois répétitive et maladroite. Ces échos n'empêchent pas une autonomie de chaque développement qui apparaît comme une séquence où l'information est regroupée autour d'une ville, d'une province ou d'une île, ou bien comme une succession de tableaux brefs marquant une progression dans l'itinéraire.

L'itinéraire

La forme de l'itinéraire est en effet centrale dans le livre, ce qui n'est guère étonnant puisqu'elle est privilégiée dans les récits médiévaux de pèlerinage ou de voyage, et permet d'organiser, plus ou moins artificiellement, une description du monde parcouru et de mimer la démarche d'un voyageur. L'ouvrage de Marco Polo s'inspire d'une tradition latine adaptée en langue française, avec un récit initial qui présente rapidement les itinéraires des voyageurs, puis une description suivant l'ordre raisonné du ou des voyage(s).

L'itinéraire est sans doute une reconstitution plus ou moins factice, voire fictive, mais permet de donner au lecteur l'impression de s'éloigner de plus en plus des territoires connus pour aboutir au cœur politique de l'Empire mongol, avant de repartir dans des environs encore plus exotiques. C'est en quoi le récit de voyage se distingue d'un traité de géographie : l'itinéraire, vrai ou fictif, permet au texte didactique de mimer une progression dans l'espace et de suivre un fil conducteur souvent présenté comme une narration*. Le temps de la narration est alors soumis au lieu : les pauses correspondent aux étapes qui permettent une description plus précise, voire l'insertion d'un récit exemplaire ou historique, et la succession de courtes descriptions se rapporte à la progression d'un voyage.

Le Livre des merveilles ne se sépare donc pas de la tradition médiévale. L'absence d'informations sur le retour et sur la navigation est ainsi conforme aux usages médiévaux qui privilégient le récit des itinéraires terrestres. On peut s'étonner aussi de l'absence de descriptions de paysages : ce sont avant tout les villes qui sont décrites. Cette focalisation s'apparente aux récits de voyage et de pèlerinage où l'itinéraire progresse de ville en ville. Les paysages ne sont guère évoqués ou le sont en termes convenus : seuls le désert de Gobi, avec ses illusions auditives (chap. 56), ou d'autres lieux désertiques (chap 171) amènent une évocation plus longue. Ce sont les habitants dans leur diversité qui tracent une géographie humaine et marquent l'éloignement.

DÉCRIRE L'AUTRE

Figures de l'altérité

Les descriptions du *Livre des merveilles* frappent par la répétition de figures de style récurrentes qui permettent de signifier l'altérité et l'étrange. Outre l'insistante répétition du mot « merveille », plusieurs d'entre elles reviennent régulièrement. La première et la plus abondamment employée est celle de l'hyperbole* : elle marque l'extension de l'extraordinaire, justifie l'importance d'une description en signalant un excès qualitatif ou quantitatif. Mais d'autres apparaissent aussi régulièrement : ce sont la comparaison* ou le parallèle*. Ces figures permettent souvent de souligner la richesse orientale, par opposition au monde occidental, ou au contraire d'insister sur une ressemblance qui finalement montre la différence : c'est le cas des équivalences entre le papier-monnaie et la monnaie vénitienne (chap. 96).

Une autre figure revient souvent dans les descriptions de « l'ailleurs » : c'est celle de l'inversion*. Dans les cosmologies médiévales, elle est sensible au travers des descriptions physiques comme celle des habitants qui marchent sur la tête. Dans *Le Livre des merveilles*, ces caractéristiques sont une exception et n'apparaissent vraiment que dans la dernière partie (chap. 165 et 183). La figure d'inversion est en revanche fréquemment employée pour les mœurs des habitants ou leurs vêtements. Qu'il s'agisse des statues des dieux en chiffon (chap. 69), des vêtements accumulés pour donner de grosses fesses (chap. 46) ou des femmes qui se jettent dans le feu après le décès de leur mari (chap. 169), l'exotisme* est mis ainsi en évidence. La sexualité donne lieu en particulier à un emploi abondant de cette figure qui confère un aspect comique à la description des maris attendant le départ de l'étranger pour revenir chez eux, ou à l'hospitalité très accueillante des femmes de certains pays (chap. 115). Mais c'est aussi l'image de ces rois d'Orient, parfois nus et couverts de bijoux, manifestant à la fois sauvagerie et puissance, ou refusant le combat militaire et s'enfuyant honteusement en laissant la ville au pouvoir de la reine qui doit faire la guerre elle-même (chap. 138).

Compter

Ces figures de style sont des constantes des récits de voyage centrés sur la description de l'inconnu. Mais le plus frappant est sans aucun doute l'abondance des nombres dans toutes les descriptions. Le narrateur* compte les ponts, les bains, les palais, les vêtements, les astrologues, les femmes d'un roi, les barons. Cette caractéristique a souvent été attribuée à la personne de Marco Polo, marchand habitué à tout peser et à tout mesurer. Les nombres remplissent un double rôle : ils apportent une véracité au propos en en accentuant le sérieux objectif. Mais leur caractère approximatif ou démesuré contribue aussi au fabuleux d'un monde où les mesures ordinaires n'existent plus. Ainsi peut-on parler d'une rhétorique du nombre dont la nature varie selon l'effet à produire : il peut marquer une rigueur et un ordre comme pour les divisions militaires, la description des émissaires du Grand Khan, ou les équivalences monétaires. Mais, quand il est hors de la mesure humaine, il perd toute valeur effective pour renforcer l'impression d'une totalité que l'on ne peut maîtriser : le nombre des vêtements donnés aux barons, le nombre des ponts relèvent de l'ordre de l'indicible et traduisent l'impossibilité d'une échelle humaine.

RACONTER : BATAILLES, LÉGENDES ET VIES EXEMPLAIRES

Fonctions des récits

Le cadre général de l'itinéraire donne un fil narratif au *Livre des merveilles*, qui organise les descriptions. Mais il est à noter aussi l'importance de récits plus ou moins longs généralement centrés sur des personnages secondaires ou sur les conquêtes successives des Mongols. Ils peuvent remplir plusieurs fonctions.

Certains d'entre eux contribuent à illustrer la puissance mongole, soit par l'évocation d'un personnage puissant ensuite vaincu par les Mongols, comme le Vieux de la Montagne ou le Prêtre Jean, soit par le récit de tactiques militaires ou de l'attitude du vainqueur après la victoire. Quelques-uns soulignent les traits de caractère de Khoubilaï ou de Gengis. Mais d'autres, plus nombreux, apparaissent comme des digressions légendaires ou religieuses. Ces derniers sont particulièrement nombreux dans la deuxième partie (chap. 22-42), qui décrit les pays à la frontière entre l'Europe chrétienne et le pays mongol : ils dépeignent une terre où l'affrontement entre musulmans et chrétiens est toujours présent, mais aussi où le miracle signale le caractère sacré de certains lieux, comme c'est le cas aussi en Terre sainte. D'autres récits figurent à la fin du livre, qu'il s'agisse de l'évocation de saint Thomas l'apôtre et de ses miracles (chap. 169), ou de Bouddha Sakyamouni (chap. 168). L'île de Ceylan apparaît ainsi comme le lieu de convergence de toutes les religions : la description de la montagne escarpée où se trouverait le tombeau d'Adam affirme le caractère mythique de ce lieu où Bouddha paraît comme la figure de l'ermite, au-delà des divisions entre les religions.

Les récits légendaires revêtent donc une double fonction : ils contribuent au caractère plaisant du livre, mais possèdent aussi une valeur didactique en marquant comment le déplacement spatial devient aussi un déplacement dans le temps religieux, même dans un itinéraire qui n'est pas celui d'un pèlerinage ou d'une croisade.

La bataille

Les récits de bataille sont également nombreux et contribuent à l'évocation du peuple guerrier que sont les Mongols. On peut noter leur caractère souvent conventionnel à travers les formules employées ou les traits de caractère attribués aux adversaires des Tartares qui disparaissent à la fin des batailles dans l'anonymat. Les expressions utilisées pour décrire les combats sont souvent stéréotypées et correspondent à celles que l'on trouve dans les romans de chevalerie et les chansons de geste*. Les adversaires des Mongols reproduisent d'ailleurs des traits traditionnellement attribués aux ennemis dans les récits de bataille : violence outrée des propos, rapidité dans la déroute, lâcheté, traîtrise, vantardise ou aptitude au mensonge. Leur caractère exotique* est marqué par le cadre extérieur ou les objets : ce sont les arcs, arme caractéristique des Mongols, ou les éléphants, qui transforment une bataille en scène de chasse (chap. 121-122).

Mais les comportements et le déroulement de la bataille ne sont pas fondamentalement différents dans leur écriture de ceux de la littérature romanesque. Pourtant, il faut remarquer que ces récits ne comportent qu'une évocation rapide du combat lui-même, alors que les préparatifs sont beaucoup plus longuement décrits. Cette tendance souligne le caractère particulier du récit de bataille dans l'œuvre : il s'agit moins de relater une geste des combattants en décrivant longuement leurs exploits dans les combats que de peindre des peuples et des individus. Les préparatifs permettent de mettre en évidence l'individualité des combattants et leur singularité et participent ainsi à l'enjeu général du *Livre des merveilles* : faire connaître l'Orient mongol.

LES THÈMES

LA MERVEILLE

L'étranger merveilleux

Le titre même de l'œuvre et la répétition du mot « merveille » tout au long de l'ouvrage lui donnent son identité et le placent dans cette sphère de l'imaginaire qu'est le merveilleux. Le merveilleux s'est largement développé au Moyen Âge dans des formes littéraires diverses, en particulier dans le roman arthurien ou le récit hagiographique*, mais aussi au travers des récits de voyage* où la merveille s'inscrit dans une tradition héritée d'Hérodote (historien grec du Ve siècle av. J.-C.). Cette multiplicité d'emplois et de formes s'accompagne d'une grande extension sémantique, le mot pouvant désigner aussi bien l'horrible que l'extraordinairement beau et marquant un étonnement face à un spectacle qui dépasse la mesure ordinaire.

Dans le récit de voyage, son emploi signale l'étrangeté et l'étranger : est *merveille* tout ce qui est différent et qui met en évidence la frontière entre un monde connu et familier et un autre où les repères s'abolissent. Aussi les merveilles se multiplient-elles au fur et à mesure que l'on s'éloigne de la frontière qu'est la mer Noire et que l'on arrive vers des zones peu explorées. La merveille souligne un effet de surprise devant la nouveauté, effet supposé chez le narrateur* et le lecteur. De fait, la notion de merveille n'existe pas sans une connivence entre eux et un univers de référence commun. Elle suppose aussi un regard, regard du voyageur qui met à jour l'étonnant du monde. Dire la merveille, c'est ainsi faire partager une vision et favoriser une communication entre lecteur et narrateur. C'est aussi donner accès à ce qui n'a jamais été vu auparavant ni décrit.

Mais l'altérité garde son mystère par cette qualification : la merveille reste en effet dans une certaine zone d'incertitude. Elle signale, mais reste floue en raison d'une diversité extrême : sont merveilleux aussi bien les palais du Grand Khan que les chasses et la faune abondantes, le papier-monnaie et les trésors qu'accumule Khoubilaï que son armée et les combats qu'elle livre, les machines de guerre que l'ascétisme des yogis. Cette diversité marque les limites de l'information donnée qui se situe aux frontières de l'indicible. La merveille est dite, mais elle reste dans une imprécision volontaire qui lui confère une force onirique.

Merveille et miracle

Elle se distingue pourtant clairement de ce qui relève du surnaturel ou du religieux. Le miracle, à la différence du merveilleux chrétien ou arthurien, appartient à un autre ordre, de même que toute activité soupçonnée de diabolisme. Ainsi le narrateur refuse de parler de certaines coutumes astrologiques ou de nécromancie afin d'éviter de susciter l'admiration face à des pratiques divinatoires condamnées par l'Église (chap. 115). L'importance de l'astrologie chez certains peuples est condamnée et qualifiée de mauvaise coutume : elle ne peut être une merveille digne d'être décrite car elle risquerait d'amener une adhésion du lecteur. Inversement, le miracle de Bagdad (chap. 25-28) n'est pas traité comme une merveille, mais comme un épisode de l'histoire de la chrétienté face au monde musulman : les nombreuses allusions à la Bible et les formules religieuses le démontrent. En revanche, dans le récit des Rois mages (chap. 30-31), la pierre qui brûle est merveilleuse, car ce récit n'est ni daté ni complètement sûr : sa source est indirecte, ce que souligne à deux reprises le narrateur.

La merveille apparaît ainsi comme le signe de l'exotisme* et justifie les investigations de Marco Polo ainsi que l'écriture du livre. Elle est à la fois un appel à l'imaginaire, une invitation au voyage et, en tant que telle, s'affirme comme l'emblème du livre. Elle sert aussi de frontière entre le connu et l'inconnu, mais aussi entre le réel et le surnaturel.

LES THÈMES

L'ORIENTALISME

Fondation d'un exotisme* littéraire

Si la merveille* qualifie généralement l'Orient, elle ne suffit pas à décrire l'exotisme. De fait, on peut considérer que *Le Livre des merveilles* fonde l'orientalisme littéraire en en dessinant quelques traits qui se développeront plus tard, en particulier au XIXe siècle. Le Livre du Grand Khan (chap. 74-98) en est sans doute l'illustration la plus manifeste : l'évocation des palais enchanteurs et du mont Vert, la profusion qui amène à un vertige du nombre, l'association du luxe et des plaisirs peignent un monde onirique qui n'est pas sans rappeler le jardin paradisiaque du Vieux de la Montagne (chap. 40) où la cruauté est masquée par un univers d'abondance et de volupté. L'évocation des fêtes, les rituels de l'étiquette et les règles qui régissent le monde du Grand Khan théâtralisent le monde, décor opulent qui met en valeur le seigneur de ces lieux. Cette longue pause au présent donne l'impression d'une suspension dans un espace qui échappe à la temporalité ordinaire et n'appartient plus aux règles de l'Occident.

Dans un tel cadre, les informations qui concernent l'économie et l'organisation politique et militaire sont marquées par leur caractère rationnel, renforcé par l'importance d'un ordre numérique. Mais ce goût du nombre est justement prolongé par celui qui régit l'étiquette ou par le don des vêtements qui, lui aussi, fonctionne par répartition numérique. De fait, la description des émissaires du gouvernement avec leurs clochettes (chap. 98) joue sur le contraste entre pittoresque et organisation rationnelle, ce qui la rend plus plaisante que convaincante. De même l'évocation du papier-monnaie (chap. 96) est à mettre sur le même plan que les coquillages que d'autres utilisent. Le Grand Khan est d'ailleurs à cette occasion qualifié d'alchimiste, ce qui renforce son caractère mystérieux de magicien oriental. L'exotisme enlève tout réalisme aux descriptions, aussi précises soient-elles, et surtout accentue l'impression d'une mise en scène où tout est spectacle. Qu'il s'agisse de la chasse, des palais, des jardins ou des fêtes, le même principe régit l'univers de la cour du Grand Khan : donner à voir et mettre en valeur son pouvoir. Il n'est pas étonnant dans ces conditions que Marco Polo ait eu une réputation de menteur ou de fabulateur au point que l'on a souvent attribué son surnom de « l'homme aux millions » à l'hyperbole* numérique de son livre.

Luxe, volupté et violence

L'orientalisme du *Livre des merveilles* tient essentiellement à plusieurs composantes, et tout d'abord à l'importance des trésors décrits. Diamants, pierres précieuses ou perles semblent à portée de main : la quête du diamant ne paraît être qu'une affaire de ruse (chap. 171). L'Orient s'identifie au luxe par l'abondance de matières rares en Occident : les épices, les fourrures, les soies luxueuses représentent, dans l'Occident médiéval, une richesse opulente. Cet orientalisme tient aussi à une sensualité toujours présente, qui amène d'ailleurs un trait d'humour du narrateur* selon lequel tous les jeunes gens devraient venir en Orient pour profiter de la conception du mariage de certaines peuplades (chap. 115), et s'exprime également dans ces cérémonies mystérieuses dont les rites peuvent amener la guérison ou se transformer en ballets oniriques.

Mais l'orientalisme se caractérise également par la violence, présente de manière plus ou moins fugitive : régulièrement sont mentionnés les châtiments à l'égard des coupables, le massacre des vaincus ou encore des scènes de cannibalisme. Ce mélange entre splendeur du décor oriental, mœurs parfois brutales et sensualité diffuse fonde une tradition littéraire. Le pouvoir évocateur des noms des personnages, des lieux et de certains éléments comme le *koumis* (chap. 69) contribue à une sensation d'étrangeté et d'exotisme.

L'AUTRE : ENTRE CIVILISATION ET MONSTRUOSITÉ

L'Orient, terre de civilisation

Si ce pouvoir imaginaire est présent, la représentation de l'autre marque pourtant une oscillation entre enquête rationnelle et tentation de la fiction. Alors que les pays d'Extrême-Orient sont les lieux des monstres dans la tradition géographique, *Le Livre des merveilles* contribue à déplacer la frontière du monstrueux et à dénoncer des croyances couramment répandues. C'est le cas de la salamandre (chap. 59), dont il montre l'assimilation abusive avec l'amiante, ou d'autres animaux dont il dénonce la description fantasmagorique dans les bestiaires occidentaux. De même il est à noter l'extrême banalité du portrait du Grand Khan (chap. 81) dont les traits ne paraissent guère différents de ceux d'un Européen.

La civilisation mongole apparaît aussi fondée sur des règles qui montrent clairement que ces lieux sont habités par des êtres humains : le pouvoir du Grand Khan n'est que l'hyperbole* du pouvoir seigneurial, de même que celui des seigneurs des autres cités. La relation entre les différentes régions et le pouvoir politique central n'est guère différente de la relation d'hommage et de vassalité qui régit les pays européens. La présence d'une justice, de religions, même païennes, l'existence de liens conjugaux, l'importance des activités commerciales, l'organisation du gouvernement et de l'armée témoignent de l'existence d'un État politique et d'activités humaines. La société orientale est ainsi régie par des règles strictes et par un ordre rigoureux, ce qui met en évidence le remarquable sens de l'organisation que les Occidentaux attribuent à l'homme en général et, tout spécialement dans *Le Livre des merveilles,* aux Mongols. Ceux-ci manifestent même une morale, quoique le narrateur affirme sa perte dans certains territoires : « ils se sont abâtardis », dit-il (chap. 69). De fait c'est souvent l'ingéniosité humaine qui est mise en avant, qu'il s'agisse de se protéger de bruits épouvantables ou d'énormes serpents (chap. 118), ou de tirer profit des ressources infinies du pays (chap. 115).

Une monstruosité des marges

La monstruosité est ainsi repoussée aux marges des pays, aux îles ou aux lieux déserts : ainsi, les vêtements luxueux de la cour du Grand Khan s'opposent à la nudité des habitants de Ceylan (chap. 168) ou de Coromandel où il n'y a aucun tailleur (chap. 169). De même l'Afrique donne lieu au portrait, traditionnel depuis l'Antiquité, d'êtres noirs aux yeux rouges (chap. 186). L'île de Java ou celle d'Agaman possèdent aussi des créatures hybrides qui ont fortement inspiré les miniaturistes : hommes à tête de chien ou à longues queues (chap. 165). Mais les monstres sont rarement vus directement : le plus souvent les descriptions sont indirectes, le témoignage par ouï-dire s'opposant à la vue. L'altérité ne signifie donc pas la sauvagerie, cette dernière indiquant plutôt les limites du monde connu. Le récit insiste davantage sur la différence, mise en évidence par une organisation humaine très proche du monde occidental : l'altérité ne naît pas d'une nature différente, mais d'une culture autre qui se manifeste en particulier dans les rituels.

LA RELIGION ET LES CROYANCES

Une géographie des religions

La lecture du *Livre des merveilles* frappe par l'importance des descriptions des cérémonies religieuses et la mention permanente de la religion des habitants. Une véritable géographie des religions apparaît, opposant les territoires musulmans à ceux des idolâtres. La présence chrétienne est constante, même si elle est le plus souvent le fait des nestoriens, considérés par les catholiques comme des hérétiques. Cette confrontation reflète assurément une réalité de l'Empire mongol où la diversité des religions et la tolérance pour les différents cultes ont été volontairement respectées par les descendants de Gengis Khan. Mais elle est interprétée par le narrateur* qui multiplie les occasions de démontrer une supériorité chrétienne ; outre le miracle de Bagdad, il insiste sur l'importance de Marco Polo dans le siège de Siang-Yang (chap. 145) et particulièrement sur son ingéniosité technique face à des Mongols qui, prétend-il, ignorent les engins de guerre. Ce sont aussi les chrétiens qui annoncent la victoire de Gengis Khan sur le Prêtre Jean. *Le Livre des merveilles*, même si son auteur n'est pas un moine, se révèle être en effet l'illustration de la croyance occidentale en la supériorité chrétienne : en ce sens il reprend les condamnations et les dénonciations de l'islam exprimées dans les récits des croisades et souligne la hiérarchie entre les religions, l'idolâtrie étant le signe de pratiques contestables souvent empreintes de paganisme.

Enquête sur les religions

Si le livre est écrit par un chrétien, il n'empêche qu'il témoigne d'une remarquable curiosité à l'égard des autres rites et des traditions religieuses. Même à l'égard de l'islam, le discours n'est pas univoque : à côté de condamnations clairement exprimées (chap. 25), il montre la présence de valeurs morales qui condamnent le désir excessif de richesses (chap. 69), ou met en évidence le détournement du paradis musulman par le Vieux de la Montagne (chap. 40).

Surtout, la description des rites présents sur le territoire mongol démontre un souci d'information manifeste. Ainsi l'un des premiers développements sur les Tartares porte sur la religion et affirme leur croyance en un au-delà (chap. 69). Les rites funéraires et même les cérémonies à l'égard des divinités sont toujours développés et hésitent entre une vision distanciée et parfois grotesque et un regard objectif, quoique étranger, sur les rites chamaniques notamment (chap. 119). Les religions orientales ont particulièrement droit à son attention et montrent la présence évidente de règles de vie morales inspirées par une religion. Si la répartition entre bouddhistes, taoïstes, chamanistes et hindouistes n'est pas clairement perçue et si la distinction paraît souvent liée à un lieu plutôt qu'à des différences religieuses, en revanche une fascination semble naître devant le spectacle de ces cérémonies et aboutir à une forme de respect dont la vie de Bouddha Sakyamouni en est l'aboutissement (chap. 168). L'ascétisme, l'abstinence des moines sont aussi conformes à un idéal religieux que partage le narrateur*. De même, l'attention prêtée aux rites funéraires dont témoigne le livre marque une curiosité ethnologique et peut-être une conscience de la diversité humaine face à la religion. Seul le cannibalisme est rejeté dans la sauvagerie, alors que les dons pour l'au-delà, les cortèges ou les sacrifices provoquent une sorte de fascination.

Syncrétisme oriental

L'Extrême-Orient apparaît donc comme une terre religieuse, même si les rituels qui y sont perpétrés n'ont rien à voir avec ceux du christianisme. Sans doute n'est-il pas semblable à la Terre sainte qui est à la fois espace géographique et lieu symbolique. L'altérité des Orientaux démontre pourtant la puissance de la conscience religieuse dans l'humanité et le dialogue qui peut s'établir entre les religions. La vie de Bouddha (chap. 168) en est l'illustration la plus claire. Le récit qui en est fait est constitué d'éléments composites empruntés à diverses traditions. Peinture d'une vie ascétique, elle correspond à la fois à l'idéal monacal chrétien et à celui des religions orientales. Les reliques demandées par le Grand Khan traduisent aussi le résultat de ce mélange des religions. La curiosité ethnologique aboutit ainsi à des échanges et à un dialogue conformes à l'idéal mongol : le plus important est la croyance en un dieu, et non les formes que cette croyance peut prendre.

D'AUTRES TEXTES

Portraits contemporains de Marco Polo

- Italo Calvino, *Les Villes invisibles*, 1972.
- Eugene O'Neill, *Marco Millions*, 1950.
- Bernard Ollivier, *Traverser l'Anatolie*, 1994.

Le souvenir de l'aventure de Marco Polo a donné lieu à des inventions romancées ou a incité au voyage. L'image de Marco Polo et la relation privilégiée qu'il a établie avec le Grand Khan inspirent encore les écrivains contemporains.

CALVINO, *LES VILLES INVISIBLES*, 1972

Un empire de paroles

Le livre d'Italo Calvino alterne des évocations de villes rêvées avec un texte où sont racontées les rencontres entre Marco Polo et le Grand Khan.

« Chargés d'inspecter les provinces reculées, les envoyés et les percepteurs du Grand Khan faisaient ponctuellement retour au palais de Kemenfu et aux jardins de magnolias à l'ombre desquels Khoubilaï se promenait en écoutant leurs longues relations. Les ambassadeurs étaient perses, arméniens, syriens, coptes ou turcomans[1] ; l'empereur par nature est étranger à

---

1. Turcoman : turc.

chacun de ses sujets ; l'empire ne pouvait manifester son existence à Khoubilaï qu'au travers d'yeux et d'oreilles étrangers. Dans des langues incompréhensibles au Khan, les envoyés rapportaient des nouvelles qu'ils avaient entendues dans d'autres langues à eux-mêmes incompréhensibles : de cette opaque épaisseur sonore émergeaient les chiffres encaissés par le fisc impérial, les noms et patronymes des fonctionnaires démis et décapités, les dimensions des canaux d'irrigation que de maigres fleuves nourrissaient par les temps de sécheresse. Mais quand c'était au jeune Vénitien de faire son rapport, une communication d'un tout autre genre s'établissait entre l'empereur et lui. Nouvellement arrivé et parfaitement ignorant des langues de l'Orient, Marco Polo ne pouvait s'exprimer autrement que par gestes, en sautant, en poussant des cris d'émerveillement et d'horreur, avec des hurlements de bête et des hululements, ou à l'aide d'objets qu'il sortait de ses sacs : plumes d'autruche, sarbacanes[1], morceaux de quartz, et disposait devant lui comme les pièces d'un échiquier. De retour des missions auxquelles Khoubilaï l'affectait, l'ingénieux étranger improvisait des pantomimes[2] que le souverain devait interpréter : une ville était désignée par le bond d'un poisson qui s'enfuyait du bec du cormoran pour tomber dans un filet, une autre ville par un homme nu qui traversait le feu sans se brûler, une troisième par un crâne qui tenait entre ses dents couvertes de vert-de-gris une perle blanche et ronde. Le Grand Khan déchiffrait les signes, mais le lien entre ces derniers et les endroits visités demeurait incertain ; il ne savait jamais si Marco voulait représenter une aventure qui lui serait jamais arrivée au cours de son voyage, l'histoire du fondateur de la ville, la prophétie d'un astrologue, un rébus ou une charade pour indiquer un nom. Mais que ce fût clair ou obscur, tout ce que Marco montrait avait le pouvoir des emblèmes[3], qu'on ne peut, les ayant vus une fois,

---

1. **Sarbacane :** tube creux qui sert à lancer de petits projectiles en soufflant à l'intérieur.
2. **Pantomime :** art de s'exprimer par la danse, les gestes et les mimiques.
3. **Emblème :** figure symbolique.

oublier ni confondre. Dans l'esprit du Khan, l'empire se reflétait sur un désert de dates éphémères[1] et interchangeables comme des grains de sable, desquels émergeaient pour chaque ville et province les figures évoquées par les logographes[2] du Vénitien. »

Italo CALVINO, *Les Villes invisibles*, traduction de Jean Thibaudeau, Gallimard, coll. « Folio », 1972.

QUESTIONS

1. Quel passage du *Livre des merveilles* réécrit Italo Calvino ? Quels sont les dons de Marco Polo qu'il reprend au texte ?

2. Qu'apprend Marco Polo au Grand Khan ? Quel langage utilise-t-il ?

O'NEILL, *MARCO MILLIONS*, 1950

Présentation à la cour du Grand Khan

La pièce d'Eugene O'Neill se veut une réhabilitation de Marco Polo, trop souvent qualifié de menteur.

« *Marco, debout, portant toujours ses valises de voyageur de commerce, jette autour de lui, bouche bée, des regards ahuris et éblouis. Son père et son oncle, multipliant les courbettes, s'approchent du pied du trône et s'agenouillent devant le Khan. Ils font des signaux frénétiques à Marco pour l'inviter à en faire autant, mais il est trop ahuri pour voir ces signaux. Tous les gens qui sont dans la salle le regardent fixement. Le Khan considère les deux frères Polo d'un air sévère. Un huissier du palais s'approche discrètement de Marco, et par gestes, lui enjoint violemment de s'agenouiller.*

---

1. **Éphémère :** de courte durée.
2. **Logographe :** type d'énigme.

MARCO, *se méprenant sur le sens de ces gestes ; avec reconnaissance.* Merci mon vieux. *Aux yeux horrifiés de la Cour entière, il s'assied sur l'une des valises. Tout en écoutant le rapport du messager qui a escorté les Polo, le Khan continue de regarder Maffeo et Niccolo, les sourcils froncés de sorte qu'il ne remarque pas le comportement de Marco. Un chambellan[1] indigné se précipite et fait signe à celui-ci de s'agenouiller. Ahuri :* Qu'est-ce qu'il y a qui ne va pas maintenant ?

KHOUBILAÏ *congédie le messager après avoir entendu le rapport ; puis il s'adresse froidement aux Polo.* Je vous souhaite la bienvenue, Messieurs Polo. Mais où sont les cent sages de l'Occident qui devaient discuter avec mes sages sur les enseignements sacrés de Lao-Tseu, de Confucius, du Bouddha et du Christ ?

MAFFEO, *vivement.* Le nouveau pape n'a été élu qu'au moment où nous...

NICCOLO. Et de toute manière il n'avait pas de sage à sa disposition.

Le Khan voit maintenant Marco et une expression intriguée apparaît sur son visage.

KHOUBILAÏ. Il est avec vous ?

NICCOLO, *d'une voix hésitante.* C'est mon fils Marco, Votre Majesté... Il est encore jeune et gauche.

KHOUBILAÏ. Viens ici, Marco Polo.

Marco s'avance, essayant sans grand succès de prendre un air hardi et plein d'assurance.

MAFFEO, *en aparté mais d'une voix haute et furieuse.* À genoux, espèce d'âne.

Marco s'agenouille n'importe comment.

KHOUBILAÏ, *avec un sourire.* Je vous souhaite la bienvenue, Messire Marco.

MARCO. Merci beaucoup, Monsieur... je veux dire, merci votre Seigneurie... votre *(Brusquement.)* Pendant que j'y pense... le pape m'a chargé d'un message pour vous, Sire.

---

1. Chambellan : gentilhomme chargé du service de la chambre d'un souverain.

Khoubilaï, *souriant.* Serais-tu par hasard les cent sages que je lui avais demandés ?

Marco, *avec assurance.* Ma foi... presque. Il m'a envoyé à leur place. Il a dit que, pour vous, je vaudrais bien cent sages.

Niccolo, *vivement.* Sa sainteté a voulu dire que Marco, en menant une vie intègre – sans négliger, bien entendu, le côté pratique – pourrait constituer un exemple qui illustrerait, mieux que des paroles de sagesse, le produit de chair et de sang de notre civilisation chrétienne.

Khoubilaï, *avec un sourire.* Je sens que je vais étudier cette apothéose humaine avec un inlassable intérêt.

Marco, *brusquement, d'un air plein d'assurance.* Ce n'est pas tout bonnement pour plaisanter que vous avez demandé cent sages ? Sa sainteté a pensé que vous devez avoir un certain sens de l'humour. Ou que vous étiez sûrement un optimiste.

Khoubilaï, *avec un sourire d'appréciation.* Votre Pieux pape est, je le crains, un cynique très impie. *(Comme s'il essayait de résoudre mentalement une énigme ; pensif.)* Se peut-il qu'il ait cru que ce jeune homme possède cette chose nommée âme, dont l'Occident rêve qu'elle vit après la mort... et qu'il l'ait cru capable de me la révéler ? *(Brusquement à Marco.)* As-tu une âme immortelle ?

Marco, *avec surprise.* Bien sûr ! Le dernier des idiots sait ça. »

Eugene O'Neill, *Marco Millions* (1950),
traduction de Michel Arnaud, éditions de l'Arche, 1989.

Questions

1. Quelle est l'attitude des aînés de Marco Polo ? En quoi Marco Polo se distingue-t-il ?

2. Quelle image du Grand Khan est donnée ? En quoi est-elle fidèle à celle du *Livre des merveilles* et en quoi révèle-t-elle de préoccupations plus contemporaines ?

OLLIVIER, *TRAVERSER L'ANATOLIE*, 1994

Départ vers les Mongols

Bernard Ollivier raconte sa longue marche à pied sur la route de la soie où il met ses pas dans ceux des caravanes anciennes et de Marco Polo.

« Avant d'endosser le havresac[1] à Istanbul, il me fallait respirer l'air de Venise – même s'il est moisi – prendre mon souffle sur la lagune couleur d'huître. Demain matin, je serai dans la ville qui, voici plus de sept siècles, vit partir un jeune homme de quinze ans pour le bout du monde connu, Marco Polo.

Tout le monde dort lorsque je me glisse dans ma couchette. Mon barda est là, près de ma tête. Ce sera mon seul compagnon. Voici que je m'engage sur ces sentiers de silence et de rêve. Depuis trois mois, je n'ai pensé qu'à cela. Cartes, étapes, matériel, visas, lectures, vêtements, chaussures… Laisser le moins de place à l'imprévu. L'avant-chemin m'a depuis longtemps confisqué les nuits et les jours.

Je m'endors enfin, bercé par le chuintement des roues sur le rail, avec, devant les yeux, des images des caravanes glissant sur la steppe au pas lent et chaloupé de centaines de chameaux laineux.

Le jour se lève lorsque le train se glisse silencieusement sur la lagune encore assoupie. D'abord, seuls les campaniles[2] crèvent la lumière tamisée du petit jour. Puis la ville me prend. Ville fée, ville sorcière, ville piétonne, ville chrétienne, ville païenne qui dut sa grandeur au commerce et surtout à l'invention d'une forme de démocratie, il est vrai vite étouffée par les patriciens[3]. Invention capitale car le monde ne croyait alors qu'à la force pour bâtir des empires.

---

1. **Havresac :** sac contenant l'équipement d'un soldat à pied.
2. **Campanile :** sorte de clocher.
3. **Patricien :** aristocrate.

La fortune de Venise lui est venue par la route de la Soie. Au début du XIIIe siècle, alors que celui de Byzance, s'achève, le siècle d'or de la Sérénissime[1] commence. Ses commerçants ne connaissent plus de bornes à leur volonté de richesse. Pour conquérir de nouveaux comptoirs, s'établir le long de nouvelles routes, ils bénéficient d'une situation remarquable, entre la Chine mythique et l'Occident riche, gourmand d'épices, de soieries, de papier, de pierres précieuses. Une flotte puissante leur donne le contrôle de la Méditerranée. Chance supplémentaire, le chemin vers l'Est qu'on baptisera six siècles plus tard « route de la Soie » s'est largement ouvert. La *pax mongolica*[2], imposée par les successeurs de Gengis Khan rend le chemin très sûr. Ne dit-on pas qu'une jeune vierge portant une coupe d'or sur la tête peut traverser le territoire de la Caspienne à l'actuelle Corée sans crainte pour sa vertu ou sa fortune ? Sur les routes construites par Alexandre le Grand et sécurisées par les Tartares, le commerce marche, la fortune court, cachée dans les ballots accrochés au dos des chameaux et des yacks[3].

Pour posséder Venise, on peut la prendre par les vaporettos[4] du Grand Canal, mais c'est surtout à pied, par ses ruelles ombragées qu'elle se livre. Pénétrer cette ville, c'est remonter le temps. Je me perds sur les *piazza*, rêvant à l'une des premières et des plus belles aventures que la route de la Soie nous ait données : celle des frères Polo. C'est peut-être après avoir traversé cette place, bâtie de marbre incorruptible et de briques friables, qu'ils s'embarquèrent un matin de l'an 1260. Ils allaient chercher fortune au-delà des frontières du monde connu.

Ils reviennent neuf ans plus tard, après voir séjourné à la cour du grand Khoubilaï Khan. Ils ont convaincu l'empereur Mongol que leur religion est la meilleure. Khoubilaï leur a donc donné un sauf-conduit. À peine sont-ils rentrés au bercail qu'ils veulent

---

1. **La Sérénissime** : Venise.
2. ***Pax mongolica*** : en latin, « paix mongole ».
3. **Yack** : ruminant à longue toison originaire du Tibet.
4. **Vaporetto** : bateau circulant à Venise.

repartir pour convertir au catholicisme les barbares mongols, mais aussi – et sans doute surtout – pour arrondir leur fortune. Ils savent quelles extraordinaires richesses se cachent là-bas, au Levant. Les deux hommes reprennent donc la piste en 1271, accompagnés par le fils de Niccolo, âgé de seize ans, et dont la mère est morte. Par mer d'abord, puis à cheval, le grand voyage commence.

Ce n'est que vingt-cinq ans plus tard, en 1295, que les trois hommes regagnent Venise. C'est la stupeur. On les a crus morts et on s'est partagé leur héritage. Marco, ce bavard, raconte les splendeurs qui existent à douze mille kilomètres de là, parle de villes où, dit-il, il y a des *miliones* d'habitants et se vante que l'empereur lui ait donné des *miliones* de pièces d'or. Cela paraît tellement incroyable, extravagant, qu'on ne le prend pas au sérieux et que, par dérision, on lui donne le surnom d'*Il milione*. »

Bernard OLLIVIER, *Longue marche à pied de la Méditerranée jusqu'en Chine par la route de la soie. I. Traverser l'Anatolie*, Phébus, 1994

QUESTIONS

1. Qu'est-ce qui fait rêver Bernard Ollivier dans l'aventure des Polo ?
2. Quelle image est donnée de Venise ? En quoi peut-elle encore inciter au départ un homme contemporain ?

L'Orient
et le Moyen Âge

- *Le Roman d'Alexandre*, 1180.
- Brunet Latin, *Le Livre du trésor*, 1266.
- Guillaume de Rubrouck, *Voyage dans l'Empire mongol*, 1255.
- Jean de Joinville, *Vie de Saint Louis*, 1309.

Roman, encyclopédie, récits de voyage*, mémoires, l'Orient et ses habitants excitent la curiosité du monde médiéval qui en trace des portraits surprenants.

LE ROMAN D'ALEXANDRE, 1180

À la rencontre des hommes sauvages

Le Roman d'Alexandre raconte la vie d'Alexandre le Grand et sa conquête de l'Orient. Il s'enfonce vers l'Inde et touche les confins du monde bornés par l'océan.

« Alexandre escalade les monts de Falicost. La pente est raide, on ne peut aller vite. Les hommes souffrent de la chaleur brûlante : il n'y a pas d'ombre pour abriter un seul homme ni d'endroit frais où se reposer. Près du trou fermé par Arthur et Liber, ils sont attaqués par des Cynocéphales des déserts de Rimost : ils ont une tête de chien, ils sont laids et cruels ; les poings pleins de grosses pierres, ils lapident l'armée. Les archers ont tôt fait de les cribler de flèches. À cette vue, ils s'enfuient et se cachent. Les archers s'en reviennent pour éviter un blâme d'Alexandre.

D'AUTRES TEXTES

Au sommet d'un tertre plus haut que tous les autres, le roi voit l'Océan qui entoure le monde, et le mont d'Éthiopie, la vallée qu'il enferme. Toute l'armée épuisée n'avance presque plus, tourmentée par la chaleur et la soif. Les Indiens lui disent de ne pas chercher à aller plus avant : nul ne connaît la route, nul ne peut les guider et l'ardeur du soleil les aurait vite tués, car à trente journées de marche, comme l'histoire le raconte, il n'y a pas le moindre point d'eau.

Alexandre fit bien de croire les Indiens. Toute la matinée le roi fait route pour revenir à son point de départ, dans l'Inde Fasiacé[1] d'où il était parti. Le soleil brûlait comme du feu et le roi mit pied à terre au bord d'un étang qu'on découvrit entre des pics aigus : il était plein d'eau mais fut vite asséché par les chevaux et les bêtes épuisés par la terrible chaleur du soleil. Sur l'autre rive, il y avait des hommes de grande taille, le corps fendu jusqu'au nombril et le dos velu comme celui des bêtes qui s'émerveillent à la vue des Grecs. Furieux et contrariés de voir des hommes qu'ils ne connaissent pas, ils courent sur eux, pleins de force. Dépourvus du moindre vêtement, ils leur lancent des pierres et des traits pointus, faisant plus de cinq cents morts. Les soldats se précipitent et s'apprêtent à les suivre quand un tourbillon fond sur eux, abattant les pavillons et les tentes, renversant les chevaux, les criblant de tisons. Pelisses et manteaux sont détruits en grand nombre, les écus s'envolent jusqu'au ciel. Une autre plaie s'abat sur eux après la première : le feu tombe sur le ciel aussi dru que la neige et brûle tout le pays. »

Le Roman d'Alexandre (1180), branche III, vers 3108-3205,
traduction de Laurence Harf-Lancner,
Le Livre de poche, coll. « Lettres gothiques », 1994.

QUESTIONS

1. Relevez les différents peuples évoqués. Quelles sont leurs caractéristiques ? Quel trait commun ont-ils ?

2. Comment apparaît le paysage ? Pourquoi un tel déchaînement sur l'expédition d'Alexandre ?

---

[1]. **L'Inde Fasiacé :** pays vraisemblablement situé au nord du Gange.

LATIN, *LE LIVRE DU TRÉSOR*, 1266

Présentation de l'Inde

L'encyclopédie de Brunet Latin contient une partie géographique où l'Inde est décrite comme troisième partie du monde.

« Après cette terre se trouve l'Inde qui va des montagnes de l'Asie Mineure jusqu'à la mer du Sud : l'air y est si bon qu'il y a deux étés et deux moissons en un an et qu'à la place de l'hiver, il y a un vent doux et léger. En Inde il y a bien cinq mille villes avec de nombreux habitants. Ce n'est pas étonnant car les Indiens ne furent jamais chassés de leur terre. Les très grands fleuves d'Inde sont le Gange, l'Indus et le Bog, qui arrêta l'avancée d'Alexandre comme le montrent clairement les bornes qu'il planta sur les rives. Les Gambarides sont les derniers peuples d'Inde. Dans une île du Gange se trouvent la terre de Pras, de Paliborte et le mont Martel. Les gens qui habitent autour du fleuve Indus vers le sud sont verts. Il y a en dehors de l'Inde deux îles, Éride et Argite, où il y a tant de métal que beaucoup croient que toute la terre est faite d'or et d'argent.

Sachez qu'en Inde et dans les pays au-delà, il y a beaucoup d'argent. Il y a ceux qui ne vivent que de poissons ; il y a ceux qui tuent leurs pères avant leur mort naturelle ou par maladie, et ils les mangent : c'est pour eux un acte de tendresse. Ceux qui habitent le mont du Nil ont les pieds à l'envers, c'est-à-dire la plante par-dessus et chacun a huit doigts. D'autres ont une tête de chien, d'autres n'ont pas de tête, mais leurs yeux sont sur leurs épaules. Il y en a qui dès leur naissance ont les cheveux blancs qui noircissent avec l'âge. D'autres n'ont qu'un œil, d'autres une jambe. Certaines femmes portent leurs enfants cinq ans, mais ils ne vivent que huit ans. Les arbres d'Inde ne sont jamais sans feuilles. En Inde commence le mont Caucase qui regarde de son sommet une très grande partie du monde. Sachez qu'en cette partie du monde où le soleil se lève, le poivre pousse. »

Brunet LATIN, *Le Livre du trésor* (1266), traduction de Joëlle Ducos.

> **QUESTIONS**
>
> **1.** Relevez les différents types d'habitants de l'Inde. Quel effet produit cette énumération ?
> **2.** Indiquez en quoi le plan proposé est proche des descriptions de Marco Polo.

RUBROUCK, *VOYAGE DANS L'EMPIRE MONGOL*, 1255

À la cour du Grand Khan

Guillaume de Rubrouck, parti en Mongolie avant Marco Polo, raconte et décrit le monde mongol qu'il découvre avant la grande querelle théologique qu'il a devant le Grand Khan.

« À Karakorum, Mangou [Mongka Khan] a une vaste cour près des murs de la ville ; elle est clôturée par un mur de briques, comme sont clos, chez nous, les prieurés des moines. Il y a là un grand palais où il tient ses beuveries deux fois l'an, une fois aux alentours de Pâques, lorsqu'il passe par là et une deuxième fois en été à son retour. Cette seconde est la plus importante, parce qu'alors se rassemblent à sa cour tous les nobles, où qu'ils soient, même à deux mois de route. Il leur distribue alors vêtements et présents et manifeste ainsi la grandeur de sa gloire. Il y a là beaucoup d'autres maisons aussi longues que des granges, dans lesquelles sont emmagasinés ses vivres et ses trésors.

À l'entrée de ce grand palais, comme il était honteux d'y introduire des outres de lait et d'autres boissons, maître Guillaume le Parisien lui fit un grand arbre en argent, aux racines duquel sont quatre lions d'argent, chacun avec un conduit, et vomissant tous du lait blanc de jument. À l'intérieur de l'arbre, quatre conduits vont jusqu'à la cime, d'où leur extrémité s'ouvre vers le bas. Sur chacun d'eux est un serpent doré dont la queue s'enroule au tronc de l'arbre. L'un de ces conduits verse du vin, l'autre du *caracomos*, c'est-à-dire du lait de jument clarifié, un autre du *boal*, qui est une boisson de miel, un autre de la cervoise de riz, que l'on appelle *terracine*. Pour chaque boisson une vasque d'argent est disposée au pied de l'arbre, où elle recueille le liquide de chacun des conduits. Au sommet de l'arbre il a fait un ange qui tient une trompette, et sous l'arbre un caveau où un homme peut se cacher. Un conduit interne s'élève au cœur de l'arbre jusqu'à l'ange. [...]

Quand le chef des échansons[1] a besoin de boisson, il crie à l'ange de sonner de la trompette. En l'entendant, celui qui est caché dans le caveau souffle vigoureusement dans le conduit qui le mène à l'ange, l'ange embouche la trompette et la trompette sonne très haut. Alors, en l'entendant, les serviteurs qui sont dans le cellier versent chacun la boisson dans le conduit qui lui est propre et les tuyaux les déversent en haut et en bas, dans les vasques disposées à cet effet. Les échansons les puisent alors et les portent à travers le palais aux hommes et aux femmes.

Le palais est comme une église, avec une nef médiane, et deux collatéraux derrière deux ordres de colonnes, et trois portes au sud ; devant la porte du milieu, à l'intérieur se dresse l'arbre. Le Khan siège au chevet, à l'extrémité nord, en un lieu élevé, si bien qu'il peut être vu de tous. Deux escaliers montent vers lui : l'échanson qui lui apporte une coupe monte par l'un et redescend par l'autre. L'espace qui est au milieu, entre l'arbre et les escaliers par où l'on monte jusqu'à lui, est libre. Là en effet se tiennent celui qui présente la coupe et aussi les ambassadeurs qui apportent des présents. Lui-même est assis là-haut comme un dieu. Du côté droit, c'est-à-dire à l'occident, sont les hommes, à gauche les femmes. Le palais s'étend du nord vers le sud. Près des colonnes, du côté droit, se trouvent des sièges élevés sur une sorte de terrasse où sont assises ses épouses et ses filles. Une seule femme est assise en haut près de lui, mais cependant sur un siège moins élevé que le sien. »

Guillaume de RUBROUCK, *Voyage dans l'Empire mongol* (1255), traduction de Claude-Claire et René Kappler, Imprimerie nationale, 1993.

---

1. Échanson : officier de maison impériale ou royale chargé de servir à boire.

QUESTIONS

1. Quels éléments marquent la splendeur du Grand Khan ?

2. En quoi l'ordre de la Cour est-il proche de celui que décrivait Marco Polo ? Quelle apparence donne-t-il au Grand Khan ?

JOINVILLE, *VIE DE SAINT LOUIS*, 1309

Un peuple étonnant

Joinville a accompagné Saint Louis dans sa croisade en Orient. C'est là où il voit pour la première fois des Mongols.

« Leur manière de se nourrir était telle qu'ils ne mangeaient pas de pain, et vivaient de viande et de lait. La meilleure viande qu'ils aient est celle de cheval, et ils la mettent à tremper dans une marinade et ensuite la font sécher tant qu'ils la coupent en tranches comme du pain noir. Le meilleur breuvage qu'ils aient et le plus fort est du lait de jument préparé avec des herbes. On fit présent au grand roi des Tartares d'un cheval chargé de farine, qui était venu d'une distance de trois mois de marche ; et il donna la farine aux messagers du roi de France.

Ils ont une forte population chrétienne qui croit à la loi des Grecs, ceux dont nous avons parlé et d'autres. Ce sont eux qu'ils envoient contre les Sarrasins quand ils veulent faire la guerre contre ces derniers ; ils envoient les Sarrasins sur les chrétiens quand ils ont affaire à eux. Toutes sortes de femmes qui n'ont pas d'enfant vont au combat avec eux ; et ils paient une solde aussi bien aux femmes qu'aux hommes, en proportion de leur vigueur. Et les messagers du roi racontèrent que les hommes et les femmes soldats mangent ensemble dans les maisons des hommes de haut rang à qui ils appartiennent et les hommes n'osent en aucune manière toucher aux femmes à cause de la loi que leur premier roi leur avait donnée. La viande de toute espèce d'animaux qui meurent dans leur camp, ils la mangent toute. Les femmes qui ont leurs enfants s'occupent des chevaux, les gardent et apprêtent la nourriture pour ceux qui vont au combat. Ils placent les viandes crues entre leurs selles et leurs coussinets de selle ; quand le sang en est bien sorti, ils la mangent toute crue. Ce qu'ils ne peuvent manger, ils le jettent dans un sac de cuir ; et quand ils ont faim, ils ouvrent le sac et mangent toujours la viande plus vieille d'abord. À ce propos, je vis un Corentin qui appartenait aux troupes de l'empereur de Perse, qui nous gardait quand nous étions prisonniers, et quand il ouvrait son sac, nous nous bouchions le nez, car nous ne pouvions tenir à cause de la puanteur qui sortait du sac. »

Jean de JOINVILLE, *Vie de Saint Louis* (1309),
traduction de Jacques Monfrin, Le Livre de poche,
coll. « Lettres gothiques », 2002.

QUESTION

1. Quels éléments de la vie des Mongols frappent Joinville ? Indiquez les différences et les ressemblances avec l'image qu'en donne Marco Polo.

LECTURES
DU *LIVRE DES MERVEILLES*

MARCO POLO, AUTHENTIQUE TÉMOIN ?

L'une des questions principales concernant l'œuvre de Marco Polo a porté sur l'authenticité ou non de son récit et sur sa présence effective en Chine. Sinologues et médiévistes se sont opposés, les premiers faisant remarquer les lacunes du livre sur les civilisations mongole et chinoise ainsi que l'absence de trace officielle de ce séjour, les autres rappelant le contexte du récit de voyage* médiéval qui n'établit pas de hiérarchie entre une source écrite et un témoignage oral. Récemment, cet écart a été mis en évidence par les positions de Frances Wood, qui considère que Marco Polo n'était jamais allé en Chine, et Philippe Ménard, qui dirige une édition collective du *Livre des merveilles* en ancien français et qui, lui, affirme sa présence.

> « En qualité de témoin oculaire, l'auteur nous apprend une foule de choses. Marco Polo consacre des pages intéressantes aux fortifications de la capitale, au plan de la ville, à l'aspect imposant du palais impérial (la Cité interdite d'aujourd'hui, construite par les Ming et les Qing, en donne encore une certaine idée), au palais d'été de Shangdu, aux banquets organisés autour du Khan, à la remise des tributs et aux rites de prosternation et d'adoration du souverain, surtout aux loisirs de Khoubilaï. Ces informations sont confirmées par Odoric de Pordenone, qui passe à Pékin une trentaine d'années plus tard. Sur certaines grandes actions de l'empereur (organisation de la monnaie et des messageries) le texte nous apporte des précisions indiscutables. La puissance du souverain, le faste de sa cour, la magnificence de ses fêtes nous transportent dans un univers extraordinaire. Faut-il parler de grandissement épique ? d'embellissement exotique ? On a surtout affaire à des descriptions réalistes. La peinture du personnage de Khoubilaï, né mongol, mais devenu en partie chinois, est faite pour susciter l'étonnement et l'admiration. Tout au long de ces développements le réel se charge

de mystère, de splendeur et de poésie. En disant le vrai, Marco Polo nous introduit dans un monde merveilleux. »

Philippe MÉNARD, introduction à Marco Polo,
Le Devisement du monde, tome III, Droz, 2004.

D'autres mettent en évidence la part de convention d'écriture régissant le texte, comme Jacques Heers. Ce dernier insiste sur le poids de la tradition, qui amène l'intégration de développements surprenants pour un voyageur authentique, et surtout sur la collaboration entre Rusticien de Pise et Marco Polo qui explique le caractère contradictoire de l'œuvre.

« Les auteurs du *Devisement*, ni Marco ni Rusticello surtout, ne pouvaient s'affranchir de ce fonds culturel et décevoir chez leurs futurs lecteurs de telles habitudes. Il est bien certain que les deux hommes se sont trouvés devant des choix constamment renouvelés et difficiles. Ils désirent, sans aucun doute, présenter un autre traité des merveilles du monde, plus riche, plus complet que tous les autres, plus attractif aussi ; et ils savent bien les règles du genre. Mais, pour la première fois depuis les temps antiques, ils disposent de sources d'informations nouvelles, d'une extraordinaire variété, différentes des ordinaires compilations des auteurs grecs ou romains et de leurs traducteurs. Ainsi pouvaient-ils puiser d'une part dans les observations du Vénitien lui-même sur les innombrables provinces visitées au cours de ses pérégrinations, et, d'autre part, dans les légendes orientales, les écrits des auteurs arabes, chinois, persans que Marco avait certainement connus et utilisés. Entre respect de la tradition pour ne pas décevoir une attente et désir de se démarquer de l'habituel en offrant de belles nouveautés inédites, le parti à prendre méritait certes réflexion. […] À vrai dire le discours oscille et hésite sans cesse entre les deux attitudes et reflète cette double inspiration, le caractère ambigu de l'œuvre. On peut se demander, hors de quelques cas très nets, jusqu'à quel point Marco Polo désirait imposer ses certitudes ; jusqu'à quel point surtout Rusticello était disposé à admettre toutes les nouveautés que lui aurait dictées son compagnon d'infortune. Le genre choisi ne se prêtait pas à de considérables innovations ou audaces. »

Jacques HEERS, Marco Polo, Fayard, 1983.

L'ÉCRIT D'UN MARCHAND

Longtemps on a présenté Marco Polo comme un marchand, ce qui expliquait l'importance des chiffres et des descriptions des activités commerciales. Il était ainsi le représentant de la classe bourgeoise des Vénitiens, doté d'un esprit d'entreprise et d'un dynamisme ouvert aux nouveautés. D'autres, comme Michel Mollat, ont pu rapprocher le livre des manuels de marchands, largement répandus au XIVe siècle, qui permettaient de voyager en toute connaissance de cause, et en ont fait un guide-itinéraire. D'autres encore considèrent aussi cette œuvre comme la marque de l'esprit marchand, mais en font un défaut d'écriture.

> « Pour adhérer au merveilleux, il faut être un peu poète. Or il en est un qui, parmi nos voyageurs, semble aussi peu porté que possible à cet état d'esprit : Marco Polo. Cela ne veut pas dire qu'il n'est pas, à ses heures, mystificateur ; mais il est avant tout marchand et, s'il fabule, c'est dans le domaine qui le fascine : les palais d'or fin, la vie de grand seigneur, la richesse des villes et le niveau de civilisation pour ne pas dire parfois tout simplement le niveau de vie. »
>
> Claude-Claire KAPPLER, *Monstres, démons et merveilles à la fin du Moyen Âge*, Payot, 1980.

Mais l'absence d'indications précises sur les affaires faites, sur le type de négoce, sur les sommes dépensées ou reçues prouve que l'essentiel n'est pas là et le livre est depuis plusieurs années étudié en tant qu'œuvre littéraire où deux voix s'entremêlent.

LE GOÛT DE LA MERVEILLE

L'importance de la merveille a conduit à un examen précis de ce qu'elle représente et de ce qu'elle est par comparaison avec d'autres ouvrages contemporains. Si Claude-Claire Kappler considère qu'elle n'offre guère d'intérêt par rapport aux autres récits de voyage, d'autres, à la suite de Jacques Le Goff, indiquent ses différentes facettes et même sa répartition géographique.

> « La merveille a sa géographie. On voit se dessiner un contraste entre le centre de l'empire – la Chine de Pékin à Hangzhou, qui se voue au lucre, au luxe et aux plaisirs – et ses frontières, plus sauvages, parfois barbares, peut-être démoniaques. Mais aux confins de l'empire, dont l'étrangeté est plus traditionnelle, comme en son centre, où elle est plus calculée et réglée, la merveille relève moins du monstrueux que du gigantesque. Le monstrueux s'enracine dans un écart physique, un organe, une faculté en excès ou en défaut. Le gigantesque est à la portée d'une humanité consciente de ses capacités et ambitieuse. Or tout est plus grand dans l'univers décrit par Marco Polo : distances et hauteurs, déserts et fleuves, villes et palais, armées, richesses... Tout y est plus nombreux, les arbres, les oiseaux, les fauves et aussi les hommes, les enfants, les épouses... Marco ne se lasse pas de dénombrer cette profusion d'autant plus étonnante, grandiose, qu'elle est maîtrisée par le Grand Seigneur. »
>
> Pierre-Yves BADEL, introduction à Marco Polo, *La Description du monde*, Le Livre de poche, 1998.

Le pays mongol devient terre de merveilles, ce qui ne signifie pas qu'il reproduise des textes antérieurs : *Le Livre des merveilles* crée son propre merveilleux.

LA RHÉTORIQUE D'UN RÉCIT DE VOYAGE

Le livre s'insère surtout dans un genre qui est le récit de voyage*. Les travaux de Jean Richard ont pu montrer sa singularité et sa conformité à un certain nombre de règles. La langue dans laquelle il est écrit – le français, et non le latin – et sa double énonciation contribuent à lui donner une originalité en soi. Paul Zumthor (*La Mesure du monde*, Seuil, 1993) met en évidence le caractère hybride et composite de l'œuvre, à la fois encyclopédie et récit de voyage, projection d'une expérience et en même temps témoignage collectif, récit oral et pourtant écrit. Cette complexité d'écriture a permis à Michèle Guéret-Laferté de s'attarder sur la rhétorique et l'écriture des récits de voyage en pays mongol qui paraissent dans une période très proche les uns des autres, séparément de la question de l'authenticité. L'œuvre de Marco Polo y prend un nouveau relief.

> « Le texte se présente donc comme une réélaboration, opérée par le narrateur, du matériau premier constitué par le récit de voyage. L'intention première de l'œuvre polienne n'est pas en effet de raconter le voyage de Marco Polo mais de décrire le monde. [...] Grâce au jeu subtil qui s'instaure entre le voyageur et le narrateur, l'itinéraire permet de dresser le tableau du monde connu dans sa totalité, sans pour autant tricher avec la réalité du chemin parcouru. »
>
> Michèle GUÉRET-LAFERTÉ, *Sur les routes de l'Empire mongol. Ordre et rhétorique des relations de voyage aux XIIIe et XIVe siècles*, Champion, 1994.

Ni œuvre historique, ni itinéraire géographique, ni œuvre fantasmagorique, *Le Livre des merveilles* apparaît désormais comme l'écriture d'un voyage et du monde, entre œuvre didactique et recueil de récits plaisants.

LIRE, ÉCRIRE, VOIR

ÉDITIONS DE RÉFÉRENCE

La Description du monde, texte édité, traduit et présenté par Pierre-Yves Badel, Paris, Le Livre de poche, coll. « Lettres gothiques », 1998.

Le Divisament dou monde, Milan, éd. G. Ronchi, 1982.

Le Devisement du monde, texte établi par Arthur Christopher Moule et Paul Pelliot, trad. Louis Hambis, présenté par Stéphane Yersimos, 2 tomes, Paris, La Découverte, 1989.

Le Devisement du monde, éd. et annotations de René Kappler, Paris, Imprimerie nationale, 2004.

Une édition critique sous la direction de Philippe Ménard est en cours aux éditions Droz. Trois tomes sont parus à ce jour : *Le Devisement du monde* : t. I, *Départ des voyageurs et traversée de la Perse*, éd. Marie-Luce Chênerie, Michèle Guéret-Laferté et Philippe Ménard, Genève, 2001 ; t. II, *Traversée de l'Afghanistan et entrée en Chine*, éd. Jeanne-Marie Boivin, Laurence Harf-Lancner et Laurence Mathey-Maille, Genève, 2003 ; t. III, *L'Empereur Khoubilaï Khan*, éd. Jean-Claude Faucon, Danielle Quéruel et Monique Santucci, Genève, 2004.

ENLUMINURES

Marie-Thérèse GOUSSET, *Le Livre des merveilles du monde*, Paris, Bibliothèque nationale de France, manuscrit français 2810 ; Paris, Bibliothèque de l'Image, 2002.

SUR MARCO POLO ET SON TEMPS

Jacques HEERS, *Marco Polo*, Fayard, Paris, 1983.

Jean RICHARD, *La Papauté et les missions d'Orient au Moyen Âge (XIIIᵉ-XVᵉ siècles)*, Rome, École française de Rome, 1977.

SUR L'IMAGE DE L'ORIENT ET LES GRANDS VOYAGES

Nathalie BOULOUX, *Culture et savoirs géographiques en Italie au XIVᵉ siècle*, Brepols, Turnhout, 2002.

Jean-Pierre DRÈGE, *Marco Polo et la route de la soie*, Paris, Gallimard, coll. « Découvertes », 1989.

René GROUSSET, *L'Empire des steppes. Attila, Gengis Khan*, Paris, Tamerlan, 1939.

Paul ZUMTHOR, *La Mesure du monde*, Paris, Seuil, 1993.

SUR LES RÉCITS DE VOYAGE

Michèle GUÉRET-LAFERTÉ, *Sur les routes de l'Empire mongol. Ordre et rhétorique des relations de voyage aux XIIIᵉ et XIVᵉ siècles*, Paris, Champion, 1994.

Jean RICHARD, *Les Récits de voyage et de pèlerinage*, Turnhout, Brepols, coll. « Typologie des sources du Moyen Âge occidental », 1981.

FILMS

Archie MAYO, *Les Aventures de Marco Polo*, 1938, avec Gary Cooper.

Hugo FREGONESE et Piero PIEROTTI, *Marco Polo*, 1961, avec Roty Calhoun.

Denys de LA PATELLIÈRE et Noel HOWARD, *La Fabuleuse Aventure de Marco Polo, l'échiquier de Dieu*, 1965, avec Horst Buchholz, Anthony Quinn, Orson Welles, Robert Hossein...

Guido MONTALDO, *Marco Polo*, 1981, avec Ken Marshall.

LES MOTS
DU *LIVRE DES MERVEILLES*

Bouddhistes : adeptes d'une doctrine religieuse indienne qui repose sur le culte de Bouddha.

Cosmologie : étude des parties de l'univers.

Ethnologie : étude des faits et des documents qui permettent une description des peuples et de leur vie.

Extrême-Orient : pays de l'Asie orientale.

Idolâtres : personnes qui croient aux idoles, statues et images de dieux.

Mille : mille marin (environ 1 852 m).

Nestoriens : membres d'une religion qui dérive du christianisme et répandue en Orient.

Pas : unité de mesure qui correspond au pas d'un être humain (environ 1,5 m).

Proche-Orient : pays riverains de la Méditerranée orientale (Turquie, Syrie, Liban, Égypte).

Taoïstes : adeptes d'une religion de Chine qui repose sur les enseignements du Chinois Lao-tseu.

Tartares : ancien nom des Mongols.

LES TERMES DE CRITIQUE

Acteur : persronnage qui agit.

Anthologie : ensemble d'extraits de textes choisis.

Auteur : la personne qui signe l'œuvre.

Autobiographie : récit à la première personne où l'auteur* et le narrateur* sont identiques. Dans ce type de récit, l'auteur raconte sa vie.

Champ lexical : ensemble des mots renvoyant à un thème commun.

Chanson de geste : récit épique* en vers qui raconte les exploits de héros, comme *La Chanson de Roland* par exemple.

Comparaison : rapport établi entre deux réalités différentes.

Conte : récit fictif, écrit ou oral, qui repose sur un schéma narratif préétabli et dont l'histoire se situe dans un temps et un espace imaginaires. Ex. : *Le Petit Chaperon rouge* de Charles Perrault.

Discours direct : paroles rapportées telles qu'elles ont été prononcées. Ex. : Il dit : « J'ai faim. »

Discours indirect : paroles rapportées qui sont transformées syntaxiquement en subordonnées dépendant d'un verbe d'énonciation. Ex. : Il dit qu'il a faim.

Ellipse : omission de mots ou de faits. Ex. : entre deux chapitres, il s'écoule six mois qui ne sont pas racontés.

Épopée : récit légendaire qui vante les exploits guerriers de héros généralement historiques. Ces récits appartiennent au **genre épique**.

Étymologie : origine d'un mot.

Exotisme : caractère de ce qui est ressenti comme étranger et relevant de l'ailleurs.

Héros : personnage hors du commun qui est le centre d'un récit.

Hyperbole : figure de style qui repose sur l'exagération et l'outrance.

Indices spatio-temporels : mots qui donnent des indications sur l'espace et le temps.

Inversion : action ou comportement inverse de la norme.

Merveille : ce qui est extraordinaire.

Narrateur : celui qui raconte.

Narrateur omniscient : qui est présenté comme connaissant complètement faits et personnages, même dans leurs aspects les plus cachés.

Narration : mise par écrit d'une histoire.

Parallèle : comparaison* qui met en valeur la symétrie de deux descriptions, objets ou situations.

Personnage : personne fictive ou réelle qui intervient dans un récit.

Prologue : début d'une œuvre qui présente auteur*, narrateur*, personnages, espace et temps.

Récit : œuvre qui se compose d'une histoire et d'une narration.

Récit de voyage : œuvre qui raconte un voyage, réel ou fictif. *Le Livre des merveilles* est un récit de voyage.

Récit hagiographique : récit qui raconte la vie d'un saint.

Roman : récit fictif en français qui, au Moyen Âge, peut être en prose ou en vers.

Sommaire : indication en tête de chapitre et d'œuvre qui donne un résumé de son contenu.

POUR MIEUX EXPLOITER LES QUESTIONNAIRES

Ce tableau fournit la liste des questionnaires, avec les renvois aux pages correspondantes.

Parties	Questionnaires	Faire le point	Point final ?
Prologue Introduction	25		
Les Deux voyages (chapitres 1 à 18)	33, 41	42	
Vers le pays des Tartares (chapitres 22 à 42)	55, 58	59	
L'Entrée dans la Mongolie (chapitres 46 à 69)	65, 75	76	162-163
Le Livre du Grand Khan (chapitres 74 à 98)	88, 97	98	
L'Empire du Grand Khan (chapitres 115 à 156)	111, 119, 130	131	
Le Livre de l'Inde Retour vers le nord (chapitres 157 à 194)	141, 153, 160	161	

TABLE DES MATIÈRES

Le Livre des merveilles en images 2

REGARDS SUR L'ŒUVRE

Chronologie 10
Lire aujourd'hui *Le Livre des merveilles* 11
Carte des voyages des Polo dans l'Asie du XIIIe siècle 12
Repères 13
Marco Polo et *Le Livre des merveilles* 14

LE LIVRE DES MERVEILLES

Prologue 23
Introduction 24
Les Deux Voyages
1. Comment les deux frères
partirent de Constantinople pour parcourir le monde 26
2. Comment les deux frères partirent de Soudak 26
3. Comment les deux frères traversèrent un désert
et arrivèrent dans la cité de Boukhara 27
5. Comment les deux frères arrivèrent auprès
du Grand Khan qui les reçut avec beaucoup d'égards 28
6. Comment le Grand Khan de Tartarie leur posa aussi
des questions sur les chrétiens et précisément sur le pape 29
7. Comment le Grand Khan
envoya les deux frères en ambassade auprès du pape 29

8. Comment le Grand Khan
leur donna la plaque d'or de son commandement 31

9. Comment les deux frères
arrivèrent à la cité d'Acre 32

13. Comment messire Niccolo, Marco et messire Maffeo
allèrent auprès du Grand Khan 34

14. Comment messire Niccolo, messire Maffeo
et Marco arrivèrent devant le Grand Khan 34

15. Comment le seigneur fit de Marco son messager 35

16. Comment Marco revint de sa mission 36

17. Comment messire Niccolo, messire Maffeo
et Marco demandèrent congé au Grand Seigneur,
c'est-à-dire au Grand Khan 37

18. Comment les deux frères
et messire Marco quittèrent le Grand Khan 39

Vers le pays des Tartares

22. La Géorgie et ses rois 43

24. La cité de Bagdad et sa prise 45

25. Le récit du miracle de la montagne de Bagdad 46

26. Comment les chrétiens
eurent grand-peur des paroles du calife 48

27. La vision que l'évêque eut du savetier borgne 49

28. Comment la prière du savetier,
ce saint homme, fit se déplacer la montagne 49

30. Description du grand pays de Perse 51

31. Le retour des trois rois 53

40. Le Vieux de la Montagne 54

41. Formation des Assassins par le Vieux 56

42. La mise à mort du Vieux 57

L'Entrée dans la Mongolie

46. Description du pays de Badakhstan
où on adore Mahomet 60

56. Description de la ville de Lop 62

59. Description du Ghinghin Talas 63

64. Gengis Khan devient le premier Khan des Tartares 66

65. Gengis Khan fit convoquer ses gens
pour marcher contre le Prêtre Jean 67

68. Les successeurs de Gengis Khan et leurs coutumes 68

69. Le dieu des Tartares 70

Le Livre du Grand Khan

74. Chang Tou 77

81. Portrait du Grand Khan 82

83. Le palais du Grand Khan 83

85. Description de Pékin 86

88. La grande fête
que le Grand Khan organise au début de l'année 87

93. Les chasses du Grand Khan 90

96. Comment le Grand Khan fait prendre
des écorces d'arbre semblables à du papier
pour faire de la monnaie 92

98. Comment ses émissaires partent de Pékin
et vont par tous les chemins et tous les pays 95

L'Empire du Grand Khan

115. Description du Tibet 99

117. Description de la cité et du pays de Yunnan 103

118. La cité du Yunnan 105

119. L'illustre pays appelé Zardandan 107

121. Récit de la bataille
entre le Grand Khan et le roi de Birmanie 112

122. Suite de la bataille 113

138. La conquête du pays de Mangi
par le Grand Khan 115

145. La province et la ville de Siang-Yang.
Sa prise par des engins de guerre qui furent dressé devant ... 120

151. Description de l'illustre cité de Hangzhou,
la capitale du Mangi 123

156. Méthode d'exposé 128

Le Livre de l'Inde – Retour vers le nord

157. Commencement du livre sur l'Inde et description
de ses merveilles et des usages des habitants 133

165. La petite île de Java 134

168. Ceylan 136

169. Description de la province de Coromandel que l'on appelle
l'Inde Majeure et des grandes merveilles qui y sont.
Comment les gens qui meurent sont brûlés
et comment les femmes se jettent au feu avec leur mari ... 140

171. Le royaume de Telingana 147

172. Le pays de Lar d'où sont les brahmanes 149

183. Deux îles, l'une Mâle et l'autre Femelle,
parce qu'il ne demeure que des hommes
dans l'une et que des femmes dans l'autre 152

186. Description de l'île de Zanzibar 155

194. La force de la fille du roi Caïdou,
nommée Aigiaruc, ce qui veut dire « clair de lune » ... 157

L'UNIVERS DE L'ŒUVRE

Le texte et ses images
    Questions 166
    Lecture de l'image 169

Au temps de Marco Polo
    Décrire le monde au Moyen Âge 171

Une œuvre de son temps ?
    Les chrétiens face à la Mongolie............................... 175

Formes et langages
    Le récit de voyage
    entre témoignage et merveilleux 185

Les thèmes
    La merveille 194
    L'orientalisme 196
    L'autre : entre civilisation et monstruosité.............. 197
    La religion et les croyances 199

D'autres textes
    Portraits contemporains de Marco Polo 202
    L'Orient et le Moyen Âge... 210

Lectures du *Livre des merveilles* 217

ANNEXES

Lire, écrire, voir... 222

Les mots du *Livre des merveilles*.................................... 224

Les termes de critique 224

Pour mieux exploiter les questionnaires 226

COUVERTURE : Maître de Boucicaut, *Monstres de la province de Carajan*, XVe siècle, détail d'une miniature extraite d'un manuscrit du *Livre des merveilles* ayant appartenu à Jean de Berry. Paris, Bibliothèque nationale de France.

CRÉDITS PHOTOGRAPHIQUES :
Couverture : Ph. Coll. Archives Larbor. – p. 2 : Ph. Coll. Archives Nathan. – p. 3 ht : Ph. Coll. Archives Larbor. – p. 3 bas : Ph. Coll. Archives Nathan. – p. 4 ht : Ph. Coll. Archives Larbor. – p. 4 bas : Ph. Coll. Archives Larbor. – p. 5 : Ph. Coll. Archives Larbor. – p. 6 ht : Ph. Coll. Archives Larbor. – p. 6 bas : Ph. Coll. Archives Larbor. – p. 7 Ph. © AKG-images. – p. 8 ht : Ph. Coll. D-R. – p. 8 : bas : Ph. Coll. D-R. – p. 20 : Ph. Coll. D-R. – p. 22 : Ph. Coll. Archives Nathan. – p. 132 : Ph. Coll. Archives Larbor.

Direction éditoriale : Pascale Magni – *Édition* : Franck Henry – *Révision des textes* : Olivier Chauche – *Iconographie* : Christine Varin – *Maquette intérieure* : Josiane Sayaphoum – *Fabrication* : Jean-Philippe Dore – *Compogravure* : PPC.

© Bordas/SEJER, Paris, 2005 – ISBN : 978-2-04-730582-9

Imprimé en France par CPI France Quercy – N° de projet : 10165270 – Dépôt légal : octobre 2009
Dépôt légal 1re édition : mars 2005